Découvrez des Jeux Gratuits en Ligne

Disponible Ici :

BestActivityBooks.com/FREEGAMES

5 ASTUCES POUR DÉMARRER !

1) COMMENT RÉSOUDRE LES MOTS MÊLÉS

Les puzzles sont dans un format classique :

- Les mots sont cachés sans espaces, tirets, ...
- Orientation : Les mots peuvent être écrits en avant, en arrière, vers le haut, vers le bas ou en diagonale (ils peuvent être inversés).
- Les mots peuvent se chevaucher ou se croiser.

2) UN APPRENTISSAGE ACTIF

Un espace est prévu à côté de chaque mots pour noter la traduction. Pour favoriser un apprentissage actif un **DICTIONNAIRE** à la fin de cette édition vous permettra de vérifier et étendre vos connaissances. Cherchez et notez les traductions, trouvez-les dans le Puzzle et ajoutez-les à votre vocabulaire !

3) MARQUEZ LES MOTS

Vous pouvez inventer votre propre système de marquage. Peut-être en utilisez-vous déjà un ? Sinon, vous pourriez, par exemple, marquer les mots qui ont été difficiles à trouver d'une croix, ceux que vous avez aimés d'une étoile, les mots nouveaux d'un triangle, les mots rares d'un diamant, etc...

4) STRUCTUREZ VOTRE APPRENTISSAGE

Cette édition vous offre un **CARNET DE NOTES** très pratique à la fin du livre. En vacances ou en voyage ou à la maison, vous pouvez facilement organiser vos nouvelles connaissances sans avoir besoin d'un second bloc-notes !

5) VOUS AVEZ FINI TOUTES LES GRILLES ?

Allez à la section bonus **CHALLENGE FINAL** pour trouver un jeu gratuit à la fin de cette édition !

Simple et Rapide ! Découvrez notre collection de livres d'activités pour votre prochain moment de détente et **d'apprentissage**, à juste un clic de distance !

Trouvez votre prochain défi sur :

BestActivityBooks.com/MonProchainLivre

À vos marques, prêts... Partez !

Saviez-vous qu'il existe environ 7 000 langues différentes dans le monde ? Les mots sont précieux.

Nous aimons les langues et avons travaillé dur pour créer les livres de la plus haute qualité pour vous. Nos ingrédients ?

Une sélection des thématiques d'apprentissage adaptée, trois belles parts de divertissement, puis nous ajoutons une cuillère de mots difficiles et une pincée de mots rares. Nous les servons avec soin et un maximum de plaisir pour vous permettre de résoudre les meilleurs jeux de mots mêlés qui soient et d'apprendre en vous amusant !

Votre avis est essentiel. Vous pouvez participer activement au succès de ce livre en nous laissant un commentaire. Nous aimerions vraiment savoir ce que vous avez préféré dans cette édition !

Voici un lien rapide qui vous mènera à la page d'évaluation de vos commandes :

BestBooksActivity.com/Avis50

Merci pour votre aide et amusez-vous bien !

De la part de toute l'équipe

1 - Été

ー	狩	活	読	興	書	猟	品	ゼ	撮	真	活	グ	り
狩	ラ	び	ラ	ン	ャ	法	プ	エ	品	び	芸	ム	パ
芸	ン	撮	ダ	リ	ラ	ク	ゼ	ー	ショ	ン	ビ	撮
ハ	猟	読	陶	イ	真	キ	芸	猟	レ	ジャ	ー	猟
ン	品	エ	リ	み	ビ	ャ	狩	ャ	活	ム	味	チ	猟
ダ	釣	影	物	シ	グ	ン	パ	音	ャ	ゲ	物	魔	動
読	ゲ	活	書	籍	サ	プ	グ	楽	ク	喜	魔	友	喜
庭	ー	ハ	ゲ	ダ	ン	絵	味	法	ク	狩	び	達	星
リ	ム	シ	法	ム	ダ	ン	ー	興	絵	魔	編	興	魔
書	家	絵	ル	書	ル	ャ	陶	読	猟	エ	釣	リ	レ
び	族	り	魔	動	釣	喜	真	魔	喜	陶	り	動	海
エ	写	シ	ダ	芸	旅	ム	釣	味	興	ゼ	読	真	猟
ゲ	ジ	ム	撮	味	行	グ	絵	り	休	ャ	食	べ	物
物	び	真	猟	ハ	パ	喜	ズ	ズ	影	暇	園	パ	撮

友達	食べ物
キャンプ	ビーチ
家族	ダイビング
ゲーム	リラクゼーション
喜び	サンダル
書籍	休暇
レジャー	旅行
音楽	

2 - Adjectifs #2

撮	ャ	法	エ	画	り	ピ	ズ	読	り	ゲ	芸	ゼ	動
編	狩	び	ム	活	ー	ュ	ャ	読	り	陶	説	明	
り	ャ	ズ	ズ	グ	ゲ	ア	責	任	者	喜	シ	キ	狩
猟	ゲ	ム	釣	影	編	ャ	レ	リ	園	味	ー	写	ム
生	リ	書	猟	ャ	影	ル	元	気	ギ	猟	ル	影	有
編	産	読	ジ	狩	活	法	ク	み	フ	書	リ	レ	名
ャ	劇	的	新	陶	オ	ー	セ	ン	テ	ィ	ッ	ク	な
強	力	な	着	猟	ャ	シ	び	ゼ	ッ	興	ラ	リ	書
魔	ラ	ム	味	書	ム	ル	写	面	ド	興	エ	エ	ゼ
レ	み	ズ	ハ	エ	ャ	キ	強	白	ラ	ク	ズ	イ	ジ
エ	レ	ガ	ン	ト	イ	塩	辛	い	陶	釣	び	テ	猟
ハ	ズ	ク	読	ク	リ	ル	読	リ	グ	ラ	ン	ィ	り
プ	ズ	イ	野	撮	レ	興	レ	誇	ジ	絵	ャ	ブ	真
リ	ド	ライ	生	み	ゼ	ャ	り	ナ	チ	ュ	ラ	ル	

オーセンティック　　　　ナチュラル
有名な　　　　　　　　　新着
クリエイティブ　　　　　生産的
説明　　　　　　　　　　強力な
ギフテッド　　　　　　　ピュア
劇的　　　　　　　　　　責任者
エレガント　　　　　　　元気
誇り　　　　　　　　　　塩辛い
強い　　　　　　　　　　野生
面白い　　　　　　　　　ドライ

3 - Exploration

ャ	写	写	物	物	狩	活	活	プ	影	び	興	イ	ゼ
ク	ダ	ジ	園	ゼ	ダ	真	法	み	ゲ	旅	興	真	狩
ラ	ハ	エ	ー	ン	み	レ	ジ	ル	読	行	キ	写	興
読	野	撮	影	イ	味	ラ	ン	味	撮	ャ	動	び	喜
読	生	レ	狩	芸	園	ン	パ	ゼ	不	明	キ	興	奮
ジ	ラ	イ	真	ラ	パ	園	プ	言	ゲ	み	決	画	味
学	ぶ	た	め	に	ゲ	ク	読	語	陶	パ	み	定	魔
ラ	ダ	ゲ	活	動	芸	み	り	絵	ゼ	芸	写	味	ク
ル	興	パ	芸	び	地	ゼ	影	文	活	釣	プ	法	影
味	プ	釣	物	動	物	形	ジ	化	み	動	遠	物	み
品	キ	ズ	り	び	読	イ	り	パ	ダ	ハ	い	パ	物
パ	活	味	パ	ャ	陶	キ	発	み	ス	ペ	ー	ス	ム
パ	レ	物	法	イ	活	ン	園	見	魔	画	ラ	イ	勇
絵	狩	ク	ル	活	プ	新	着	ム	写	猟	読	シ	気

活動	興奮
動物	不明
学ぶために	言語
勇気	遠い
文化	新着
発見	野生
決定	地形
スペース	旅行

4 - Formes

ム	ズ	真	ャ	釣	コ	ゼ	エ	側	シ	プ	絵	エ	シ
シ	法	写	ー	魔	ー	釣	撮	ハ	ハ	リ	味	ッ	影
物	ク	ゼ	撮	絵	ナ	プ	多	角	形	ズ	ン	ジ	品
芸	ク	陶	双	ン	ー	陶	写	リ	ゼ	ム	活	ダ	ア
三	乗	書	リ	曲	り	物	ジ	芸	狩	狩	ラ	ー	ー
書	陶	り	ズ	り	線	品	ム	キ	絵	ハ	ズ	ク	ク
イ	エ	喜	動	画	ン	陶	味	ゼ	イ	魔	釣	パ	猟
ン	リ	エ	ハ	編	物	び	ー	品	キ	ズ	陶	ズ	読
影	法	グ	ジ	芸	リ	編	プ	喜	物	猟	ー	り	猟
ー	味	味	動	活	曲	線	パ	楕	ン	狩	読	グ	ル
ピ	ラ	ミ	ッ	ド	り	エ	ャ	ゼ	円	矩	撮	エ	物
グ	イ	シ	真	ム	芸	動	プ	書	錐	形	ラ	三	ゼ
芸	ン	ジ	ラ	エ	グ	ム	ゼ	画	み	び	プ	角	楕
活	び	ー	影	活	撮	ル	影	狩	陶	キ	ハ	形	円

アーク	双曲線
エッジ	ライン
コーナー	楕円形
曲線	多角形
円錐	プリズム
三乗	ピラミッド
シリンダー	矩形
楕円	三角形

5 - Salle de Bains

ダ	シ	ャ	ワ	ー	は	レ	グ	編	動	ラ	グ	狩	画
ゲ	喜	り	プ	ム	さ	ス	り	ゲ	ー	興	物	撮	動
シ	法	ト	イ	レ	み	ゲ	ポ	喜	ー	ゲ	ラ	喜	真
影	ゲ	ダ	品	ラ	物	影	画	ン	タ	オ	ル	興	活
リ	品	園	み	芸	イ	り	香	水	ジ	キ	び	狩	読
イ	興	リ	プ	法	シ	活	読	び	リ	ダ	ャ	法	ク
み	猟	ャ	書	ハ	ャ	真	物	絵	ゼ	物	び	パ	ル
ン	エ	ム	動	釣	ン	陶	ー	パ	ー	パ	り	ャ	ゲ
物	ル	ル	み	喜	プ	ル	み	イ	ゼ	画	ム	ハ	法
ン	蛇	口	読	ダ	ー	イ	書	浴	陶	釣	影	リ	真
猟	書	ラ	ラ	鏡	り	陶	ダ	法	喜	パ	ン	エ	画
び	石	猟	喜	ラ	水	釣	猟	ン	味	活	法	泡	魔
キ	鹸	蒸	気	猟	ジ	書	書	芸	喜	み	魔	芸	ハ
法	ロ	ー	シ	ョ	ン	ズ	書	グ	釣	喜	キ	物	物

はさみ	石鹸
シャワー	タオル
スポンジ	シャンプー
ローション	ラグ
香水	トイレ
蛇口	蒸気

6 - Outils de Cuisine

ブ	レ	ン	ダ	ー	興	キ	物	み	ゲ	ル	ム	ゲ	リ
ハ	釣	キ	ラ	冷	蔵	庫	ト	ハ	真	喜	プ	釣	真
フ	蓋	ク	ー	読	リ	ゲ	ー	書	猟	品	リ	影	ザ
猟	ォ	魔	読	撮	ゼ	レ	ス	ト	ー	ブ	エ	味	ル
シ	ジ	ー	グ	園	物	ス	タ	ム	レ	は	さ	み	動
ナ	喜	読	ク	味	活	パ	ー	カ	物	画	法	釣	写
品	イ	ジ	陶	グ	法	チ	ケ	ト	ル	画	狩	み	
猟	喜	フ	ハ	ゲ	ク	ュ	び	ラ	み	り	ル	絵	興
ス	ジ	喜	編	ム	釣	ラ	陶	リ	レ	画	書	ダ	喜
ク	プ	温	度	計	ジ	動	喜	ー	ゼ	キ	シ	ジ	撮
物	リ	ー	活	お	読	喜	法	猟	リ	画	興	グ	び
ク	び	プ	ン	ろ	ハ	ン	喜	ク	味	り	ゼ	編	ー
画	パ	喜	り	し	オ	ー	ブ	ン	エ	パ	興	キ	釣
リ	書	絵	喜	金	魔	物	魔	絵	法	活	イ	ク	ク

ケトル　　　　　　　ブレンダー
はさみ　　　　　　　ザル
ナイフ　　　　　　　ストーブ
カトラリー　　　　　おろし金
スプーン　　　　　　冷蔵庫
オーブン　　　　　　スパチュラ
フォーク　　　　　　温度計
トースター

7 - Adjectifs #1

魅	釣	ゼ	ゲ	ャ	書	物	活	一	正	直	法	ハ	物
力	び	リ	レ	真	エ	編	園	味	園	釣	巨	大	な
的	シ	ム	綺	麗	な	ク	ズ	イ	猟	寛	狩	き	エ
真	重	要	影	編	ア	ク	ティ	ブ	一	大	い	キ	ゾ
ム	野	い	芸	写	狩	ク	品	絵	ゼ	リ	芸	な	ゾ
芳	狩	心	術	シ	猟	レ	ャ	ゲ	動	シ	シ	び	チ
香	魔	画	的	興	影	動	薄	法	一	シ	味	プ	ッ
族	絶	対	物	ジ	読	い	シ	猟	シ	陶	影	ク	ク
ゼ	ズ	ハ	レ	モ	ダ	ン	同	一	ダ	ズ	活	書	ハ
喜	プ	狩	品	興	ラ	読	絵	ル	リ	イ	ゲ	遅	ズ
狩	味	び	ジ	ズ	ム	レ	ム	魔	ャ	読	興	い	グ
ラ	ダ	ン	グ	リ	動	撮	ラ	猟	ハ	絵	ム	プ	リ
ゼ	若	完	レ	レ	ゲ	真	狩	陶	イ	書	喜	魔	活
法	い	全	一	キ	エ	動	み	真	シ	ゼ	絵	物	ジ

絶対	大きい
アクティブ	正直
野心的	同一
芳香族	重要
芸術的	若い
魅力的	遅い
綺麗な	重い
エキゾチック	薄い
巨大な	モダン
寛大な	完全

8 - Instruments de Musique

```
タ 芸 ー 写 ゲ ト り 活 ハ エ 味 書 絵 読
マ ン ド リ ン ラ 品 オ ー ボ エ 芸 味 ム
狩 ク バ 撮 ジ ン 品 キ モ 動 釣 読 ラ 書
釣 ラ イ リ ラ ペ 撮 興 ニ び ム 活 ル ム
ク リ オ パ ン ッ 読 カ ド ラ ム ハ び 活
動 ネ リ ー ラ ト 編 ジ ク レ フ ハ 猟 パ
活 ッ ン カ 活 ゲ ジ プ 物 猟 ァ ル ゲ 影
イ ト サ ッ ク ス 活 ャ 狩 動 ゴ プ ー 読
ゲ ト び シ チ ェ ロ み ム 物 ッ ー ジ 芸
プ 編 ロ ョ 絵 フ リ ギ ム 味 ト 猟 陶 撮
猟 マ 興 ン 撮 読 ル タ ゲ 読 ン み 陶 ゼ
ピ リ ゼ ク ボ ハ 編 ー ゴ ン グ 興 味 法
ア ン 写 ン 活 ー 釣 法 ト バ ン ジ ョ ー
ノ バ 猟 ゼ 活 プ ン ク 猟 ラ 品 み ハ 書
```

バンジョー	マリンバ
ファゴット	パーカッション
クラリネット	ピアノ
フルート	サックス
ゴング	ドラム
ギター	タンバリン
ハーモニカ	トロンボーン
ハープ	トランペット
オーボエ	バイオリン
マンドリン	チェロ

9 - Échecs

戦略プブラック学対角絵チコ喜
女王レレび物陶ぶ活キ興ャン影
魔魔一時影ン画た編喜ランテ影
工活ヤ間園プグめキ賢ゼピス相
物影一釣釣パポにン書いオト手
リー味イーラダイグゲぜン犠牲
グム影芸ジー狩法ンルール園シ
みジりゼ編興り画ゲト白ムパゼ
園真影絵ク写釣グ画ムい物レク
編びシダ課題トーナメント味書
みリ園動真ダジリパ動プ法法園
ゼ読魔ゼパッシブ味魔法芸ハ写
読ク動一興写グャ品ハりャ活写
キ狩園影猟シ物写リ品ゼ法品シ

相手	ブラック
学ぶために	パッシブ
白い	ポイント
チャンピオン	女王
コンテスト	ルール
課題	キング
対角	犠牲
賢い	戦略
ゲーム	時間
プレーヤー	トーナメント

10 - Herboristerie

```
工 釣 狩 ル グ ム マ 画 シ 書 タ パ 真 陶
芸 喜 ム 動 釣 ク ー ー エ ジ ラ ム 猟 ダ
芸 品 芸 グ 品 バ ジ ル 品 書 ゴ ハ ャ ー
成 影 釣 ラ 工 写 ョ 書 ン ニ ン ニ ク ハ
分 リ ハ ベ 興 書 ラ 有 益 魔 ー ラ ン 物
サ フ ラ ン イ 味 ム 画 撮 撮 び び ダ 真
ャ 品 狩 ダ 味 キ 真 書 ゲ キ パ 活 ン ル
フ レ ャ ー グ 喜 画 庭 ク ゼ ゲ 編 ズ 品
工 ェ 法 喜 イ ロ 真 ー レ ラ 興 ラ ク パ
読 花 ン ク ル 画 ー 物 レ レ 編 リ 活 画
ズ イ 狩 ネ 品 質 料 ズ ク パ ャ ズ び 読
品 芳 ダ 活 ル 釣 イ 理 マ セ リ タ 味 ミ
緑 香 ジ 真 グ ャ ジ 書 ジ リ シ イ ム ン
パ 族 び り イ 撮 リ ー グ エ ー ム ラ ト
```

ニンニク	ラベンダー
芳香族	マージョラム
バジル	ミント
有益	パセリ
料理	品質
タラゴン	ローズマリー
フェンネル	サフラン
成分	タイム

11 - Véhicules

キ	レ	喜	書	写	法	ハ	編	フ	自	リ	味	レ	真
シ	ャ	ト	ル	バ	ス	リ	真	ェ	転	狩	シ	ヘ	写
イ	書	ラ	園	ル	キ	編	撮	リ	車	キ	絵	リ	ゼ
ハ	ゲ	狩	バ	モ	ー	タ	ー	ム	ラ	ズ	コ	興	
法	キ	ジ	読	ン	ー	ク	読	魔	魔	陶	狩	プ	芸
び	ム	書	品	飛	影	シ	ダ	ゲ	ー	い	み	タ	キ
編	ス	キ	動	行	ズ	ー	キ	法	ゼ	か	品	ー	味
芸	魔	ク	読	機	猟	ャ	ハ	法	び	だ	ャ	動	撮
救	急	車	ー	潜	グ	ロ	ケ	ッ	ト	書	ン	ジ	グ
ゲ	ン	品	地	タ	水	物	ダ	動	ラ	タ	イ	ヤ	ジ
ゲ	イ	プ	下	ゼ	ー	艦	物	キ	ク	り	グ	法	イ
魔	り	編	鉄	リ	読	パ	び	プ	タ	ハ	グ	ゲ	喜
喜	魔	ク	イ	ジ	撮	物	喜	魔	ー	釣	プ	動	レ
ト	ラ	ッ	ク	動	ク	ハ	ャ	ボ	ー	ト	影	喜	影

救急車　　　　　　モーター
飛行機　　　　　　シャトル
ボート　　　　　　タイヤ
バス　　　　　　　いかだ
トラック　　　　　スクーター
キャラバン　　　　潜水艦
フェリー　　　　　タクシー
ロケット　　　　　トラクター
ヘリコプター　　　自転車
地下鉄

12 - Camping

ハ	ハ	ハ	キ	真	品	ゼ	品	味	テ	喜	工	猟	読
喜	ン	魔	ハ	ャ	ラ	木	帽	活	ン	興	パ	リ	ル
陶	モ	撮	ゼ	ズ	ビ	ン	喜	子	ト	一	動	編	ゲ
品	ッ	リ	写	真	園	カ	自	然	狩	読	影	ム	ム
パ	ク	ル	キ	イ	画	カ	湖	ン	狩	猟	プ	ル	ゼ
エ	書	書	編	ル	動	ヌ	昆	虫	読	喜	読	イ	イ
み	ラ	ラ	ラ	絵	ロ	ー	プ	品	レ	シ	撮	エ	イ
撮	法	法	絵	クル	猟	猟	ゲ	読	ゼ	び	エ	陶	陶
コ	ジ	喜	一	読	び	ラ	山	興	猟	ム	び	読	活
ン	ン	冒	撮	味	ズ	ル	プ	び	撮	工	釣	ル	品
パ	ャ	険	動	物	月	活	ゲ	狩	プ	み	地	物	陶
ス	写	森	パ	ャ	ハ	グ	ム	ラ	シ	リ	図	火	り
り	ズ	喜	ラ	喜	写	ラ	猟	活	ル	ゼ	イ	ラ	ゲ
リ	陶	び	喜	魔	キ	ー	び	シ	撮	ゲ	グ	画	プ

動物	狩猟
冒険	ロープ
コンパス	ハンモック
キャビン	昆虫
カヌー	ランタン
地図	自然
帽子	テント

13 - Conservation

サ	イ	ク	ル	持	喜	喜	リ	喜	ャ	猟	シ	猟	ボ
絵	パ	画	写	リ	続	猟	撮	イ	釣	び	撮	ー	ラ
グ	喜	ナ	物	ゼ	ル	可	真	ラ	グ	プ	グ	ン	ン
影	ゲ	チ	味	動	喜	味	能	イ	動	味	魔	ジ	ティ
有	機	ュ	健	康	興	び	真	芸	狩	物	グ	影	ィ
ク	ャ	ラ	読	グ	喜	ゼ	シ	ラ	リ	ー	味	ク	ア
ー	ハ	ル	撮	リ	ハ	生	気	狩	汚	イ	ク	リ	ル
喜	シ	写	絵	ゲ	撮	息	態	候	染	釣	写	釣	ハ
活	ム	釣	活	読	キ	地	写	系	緑	動	み	物	興
画	ゼ	法	グ	ャ	ャ	び	影	活	芸	り	パ	プ	り
法	物	陶	絵	リ	サ	イ	ク	ル	水	教	興	絵	シ
ャ	プ	ク	ゼ	プ	環	真	キ	ー	撮	育	園	イ	ム
園	ン	シ	キ	ハ	境	削	減	グ	農	薬	画	興	リ
釣	シ	真	編	工	写	シ	味	物	ム	ャ	書	グ	魔

ボランティア	ナチュラル
気候	有機
サイクル	農薬
持続可能	汚染
環境	リサイクル
生態系	削減
教育	健康
生息地	

14 - Écologie

```
コ ミ ュ ニ ティ 喜 動 植 多 持 続 可 能
ム ク ク レ マ リ ン フ 生 ナ 様 ラ 植 猟 編
ボ ラ ン ティ ア ソ ロ 読 チ 活 性 物 編 ジ
リ 真 書 ズ ル ゲ マ ー シュ ズ び 編 シ パ
自 然 編 釣 ラ 真 ル ラ ス ラ 旱 魃 シ パ ン
レ 編 品 陶 レ グ ロ ー バ ル グ ハ 喜 ジ 魔
ム 狩 ゲ 影 生 存 魔 釣 喜 猟 園 び ジ 魔 プ
ズ ャ 興 り 息 狩 編 撮 ハ シ プ ム プ
読 園 パ ハ 地 ム 興 編 キ 喜 ラ ハ 味 影
ゼ グ 味 味 ム 山 ャ 魔 品 種 真 猟 写 パ
芸 真 陶 動 写 プ 気 候 ー ラ 法 真 書 ラ
キ 動 ゲ ャ 物 ャ 陶 ン び 画 み 活 グ 読
読 動 真 書 動 物 相 エ リ 陶 物 ダ 撮 園
動 ャ パ キ み プ グ ム 物 猟 ゲ 撮 み 法
```

ボランティア	マーシュ
気候	マリン
コミュニティ	自然
多様性	ナチュラル
持続可能	植物
動物相	リソース
フローラ	旱魃
グローバル	生存
生息地	植生

15 - Astronomie

味	エ	ャ	物	グ	編	編	レ	ル	ズ	キ	レ	ハ	ゼ
み	ム	影	ハ	撮	銀	河	ゲ	地	球	衛	陶	空	キ
物	魔	シ	書	喜	画	書	ゲ	プ	流	星	座	味	真
猟	天	文	学	者	宇	宙	動	画	ゲ	ジ	釣	ム	ャ
読	文	ダ	陶	ャ	み	パ	法	ゲ	釣	真	キ	シ	ク
み	台	狩	ジ	狩	ロ	ケ	ッ	ト	ゲ	星	雲	ム	真
パ	絵	物	撮	物	ル	ラ	ク	ズ	キ	芸	陶	ハ	シ
シ	食	パ	狩	物	画	ャ	芸	園	魔	ジ	キ	グ	撮
書	レ	ャ	読	り	書	魔	グ	ダ	絵	園	編	画	読
放	小	惑	星	絵	猟	ダ	物	書	ズ	撮	り	魔	エ
ル	射	魔	釣	惑	レ	狩	動	ク	画	ゲ	プ	動	ハ
影	エ	線	超	新	星	宇	宙	飛	行	士	ル	ダ	影
太	陽	月	春	分	ゼ	動	芸	キ	キ	活	品	興	リ
イ	動	芸	ハ	活	魔	ラ	書	活	絵	法	動	び	エ

小惑星　　　　　　　　天文台
宇宙飛行士　　　　　　惑星
天文学者　　　　　　　放射線
星座　　　　　　　　　衛星
春分　　　　　　　　　太陽
ロケット　　　　　　　超新星
銀河　　　　　　　　　地球
流星　　　　　　　　　宇宙
星雲

16 - Types de Cheveux

三	芸	パ	陶	プ	撮	プ	絵	魔	ソ	フ	ト	猟	グ
つ	写	狩	グ	釣	法	編	活	ゲ	エ	リ	味	厚	い
編	組	キ	プ	び	ゲ	ド	ル	み	ム	釣	グ	み	り
み	陶	写	ム	み	パ	興	ラ	ャ	書	品	ゼ	み	び
ン	リ	ブ	真	イ	レ	園	動	イ	薄	味	狩	ラ	ラ
プ	写	ラ	ロ	白	い	短	ゲ	び	い	読	レ	ゲ	ー
品	真	ッ	イ	ン	禿	い	り	み	リ	画	グ	編	影
シ	グ	ク	ゼ	ド	キ	ゲ	真	園	陶	プ	レ	ル	ー
書	シ	ラ	芸	画	影	銀	シ	パ	味	画	カ	画	味
品	ー	読	芸	喜	ャ	画	魔	品	味	興	ー	画	み
ー	読	真	ラ	ャ	元	ハ	ジ	イ	撮	興	リ	茶	み
シ	ャ	イ	ニ	ー	気	イ	ク	グ	影	魔	ー	有	色
喜	画	釣	エ	ズ	動	リ	パ	パ	グ	グ	動	影	ラ
ジ	り	シ	真	ジ	グ	ク	パ	エ	狩	書	グ	猟	ズ

白い	グレー
ブロンド	茶色
カール	薄い
シャイニー	ブラック
有色	元気
短い	ドライ
ソフト	三つ編み
厚い	編組
カーリー	

17 - Restaurant #1

喜	影	撮	芸	み	陶	ハ	び	書	ジ	ク	撮	園	予
り	興	ジ	食	べ	物	ア	レ	ル	ギ	ー	辛	い	約
真	狩	ク	り	ム	イ	法	活	メ	読	び	レ	レ	イ
法	写	画	デ	プ	リ	書	喜	み	ニ	ャ	レ	リ	ハ
キ	撮	り	ザ	影	エ	書	興	み	ズ	ュ	ー	狩	品
レ	リ	園	ー	陶	撮	釣	真	み	パ	ハ	ー	釣	読
キ	ウ	り	ト	ボ	法	狩	ハ	画	ャ	絵	ル	キ	読
ッ	ゲ	ェ	絵	ウ	ム	シ	写	読	プ	コ	キ	物	ソ
チ	り	グ	イ	ル	興	み	ゼ	み	絵	喜	ー	び	ー
ン	ナ	イ	フ	ト	ル	ハ	レ	法	興	イ	興	ヒ	ス
み	興	ャ	ズ	喜	レ	画	レ	芸	画	魔	写	チ	ー
皿	影	味	物	パ	狩	ス	喜	パ	ゼ	ナ	プ	キ	ン
法	び	肉	ン	猟	ル	活	釣	ル	活	絵	パ	ン	り
絵	品	ラ	影	芸	イ	動	品	喜	魔	画	ー	ズ	ム

アレルギー	食べ物
ボウル	パン
コーヒー	チキン
ナイフ	予約
キッチン	ソース
デザート	ウェイトレス
辛い	ナプキン
メニュー	

18 - Mammifères

園	陶	ハ	園	編	編	猟	イ	法	エ	猟	ズ	ブ	ー
び	ク	ラ	影	ャ	喜	書	ル	ー	熊	ラ	ゼ	ル	リ
編	猫	犬	レ	法	エ	リ	カ	品	ン	イ	ル	狩	狼
園	ャ	狩	写	ゼ	真	影	ー	陶	り	オ	興	ン	ズ
ム	ゼ	う	猟	ャ	キ	コ	プ	書	動	ン	エ	び	プ
魔	狩	さ	ジ	ゴ	リ	ラ	ヨ	び	真	ム	ジ	グ	み
り	活	ぎ	猟	カ	ン	ガ	ル	ー	グ	シ	マ	ウ	マ
園	釣	ラ	動	羊	ゲ	馬	狩	喜	テ	動	味	ズ	画
シ	鯨	絵	真	ル	ャ	品	ズ	釣	物	ク	パ	グ	園
狐	書	猿	動	ゼ	み	キ	ラ	喜	パ	読	真	ン	び
エ	ル	真	真	動	ャ	虎	陶	ジ	書	レ	キ	魔	真
エ	ム	猟	撮	書	釣	物	活	物	プ	釣	狩	グ	ゼ
物	キ	ズ	ー	リ	法	ャ	書	ゲ	陶	み	編	書	画
法	猟	ー	ク	ム	び	ル	レ	ー	ン	象	ゼ	狩	み

コヨーテ	うさぎ
イルカ	ライオン
キリン	ブル
ゴリラ	シマウマ
カンガルー	

19 - Sports

```
レ 勝 者 興 ハ 陶 ゲ 影 ル レ ア リ び 書
エ ク 絵 画 グ 興 パ 品 狩 芸 ス び ラ リ
品 ン 興 絵 シ 絵 園 テ 味 読 リ プ 絵 狩
書 魔 活 り 興 ゼ イ リ ニ 魔 ー レ チ 画
体 操 ル 品 み 写 バ レ リ ス ト ー ャ グ
動 き ホ 野 球 芸 ス プ 書 影 編 ヤ ン 興
ラ シ ッ り ダ ム ケ 釣 イ ハ り ー ピ り
シ 喜 ケ 魔 自 体 ッ 興 み 写 狩 真 オ 読
ー シ ー ー 転 育 ト 書 リ ク 法 真 ン 陶
ー 喜 撮 絵 車 館 ボ ハ 芸 ャ 品 真 シ 喜
ャ 法 ダ 釣 レ 読 ー り 書 ク 猟 真 ッ 猟
審 判 絵 工 読 ゴ ル フ コ ゲ エ チ プ シ
ス タ ジ ア ム ジ ゲ ム シ ー ー 写 み
り キ 味 物 物 園 興 ハ 猟 味 チ ム 絵 絵
```

審判	体育館
アスリート	体操
野球	ホッケー
バスケットボール	ゲーム
チャンピオンシップ	プレーヤー
コーチ	動き
チーム	スタジアム
勝者	テニス
ゴルフ	自転車

20 - Chocolat

ム	写	コ	グ	絵	絵	動	り	味	シ	ル	お	編	魔
レ	魔	コ	ジ	美	イ	写	写	り	ハ	ズ	気	プ	絵
品	り	ナ	キ	動	味	味	プ	り	ャ	リ	に	読	り
真	エ	ッ	ズ	ゼ	撮	し	ム	レ	ジ	ム	入	興	粉
味	ジ	ツ	ラ	読	猟	ピ	い	画	編	喜	り	猟	ハ
味	ゲ	グ	レ	シ	ピ	動	ー	キ	ム	魔	カ	活	品
品	エ	リ	魔	ゲ	ル	猟	撮	ナ	イ	ク	ロ	ム	真
喜	興	法	職	芸	エ	キ	ゾ	チ	ッ	ク	リ	ジ	酸
ー	苦	い	人	芸	レ	イ	喜	釣	興	ッ	ー	渇	化
興	喜	イ	書	び	リ	園	撮	レ	カ	カ	オ	望	防
イ	エ	成	分	ゲ	物	ク	魔	動	ラ	ゼ	ラ	ン	止
パ	プ	画	真	パ	魔	読	猟	活	メ	香	猟	イ	剤
影	イ	甘	い	品	質	読	猟	陶	ル	り	砂	み	猟
物	ラ	興	レ	ジ	陶	ム	ゲ	ー	ジ	魔	糖	写	陶

苦い	甘い
酸化防止剤	渇望
香り	エキゾチック
職人	お気に入り
ピーナッツ	成分
カカオ	ココナッツ
カロリー	品質
カラメル	レシピ
美味しい	砂糖

21 - Mathématiques

法画ジャゼププル平行半ズボク
り真ーゼ算写味釣平品径和リ書
垂魔魔レ術物グレ行ゼー角ュ読
矩直園興喜ラび多四びル度ー物
形釣び猟味編喜角辺絵絵イム興
狩みレクイ品喜形形品ジャプム
興ゼ喜ダ味ム品ム書編プ芸ダ猟
撮イプパ書三読パプ物喜ゲイャ
レ芸直径魔ダ角び猟書ー猟真ゲ
り り興ャ物書狩形対称狩撮ラ猟
園ャ影エダ編ム狩ゼ書ンリジ品
りゲゲ写ゲ陶釣画びみジイ分小
幾何学方程式影物法ムル絵指数
陶プ影み猟魔シ園円周囲ク動撮

角度	平行四辺形
算術	垂直
円周	周囲
小数	多角形
直径	半径
指数	矩形
方程式	対称
分数	三角形
幾何学	ボリューム
平行	

22 - Mythologie

```
書 キ 撮 プ 伝 興 法 み ラ 喜 真 書 行 園
不 死 ャ 法 説 ル 書 キ ビ ゲ パ 物 生 動
読 信 ム 影 魔 原 型 ヒ リ 物 絵 ン き 編
ダ 狩 念 嫉 妬 法 り ー ン 強 さ 戦 物 復
り び 写 ャ 文 化 の ロ ス 災 園 士 撮 讐
猟 ム び モ ン ス タ ー エ 害 一 興 法 ジ
雷 品 み キ 絵 び 真 エ 写 物 園 園 影 芸
作 成 興 ン 活 ラ 狩 ン 興 イ ン 画 ゼ 釣
プ 猟 写 編 絵 ダ イ 写 芸 ム プ 動 ル ハ
写 陶 ジ グ ゲ 写 ジ ジ ク 釣 喜 ダ 書 園
エ 品 プ ル ャ 園 写 釣 興 エ 書 芸 ク ャ
ゼ プ ク 稲 妻 ゼ ャ 動 ハ ム び ズ ム り
絵 モ ー タ ル 編 興 狩 真 狩 ゲ 動 み ク
グ グ ク 興 写 イ 絵 イ ー エ 撮 み ジ ズ
```

原型	ヒーロー
災害	不死
行動	嫉妬
作成	ラビリンス
生き物	伝説
信念	魔法の
文化	モンスター
稲妻	モータル
強さ	復讐
戦士	

23 - Restaurant #2

芸	ャ	み	シ	撮	真	活	影	喜	芸	興	椅	ゼ	品
芸	サ	塩	ジ	画	喜	シ	ウ	ク	ゼ	ク	子	キ	パ
書	エ	ラ	氷	編	ジ	パ	ェ	ダ	ズ	読	活	味	ハ
編	編	ズ	ダ	麺	ス	パ	イ	ス	味	芸	ク	パ	ジ
猟	ン	ー	ャ	ル	狩	ジ	タ	ャ	興	絵	イ	影	シ
プ	シ	魔	キ	シ	陶	ケ	ー	キ	品	み	卵	ラ	グ
興	味	び	ス	魔	ャ	パ	釣	ャ	ゼ	芸	園	ジ	撮
ラ	レ	ン	プ	法	エ	シ	飲	料	芸	園	シ	ジ	真
ン	芸	イ	ー	水	フ	ル	ー	ツ	釣	シ	狩	リ	ズ
チ	法	キ	ン	編	パ	ル	レ	ャ	び	編	シ	品	レ
イ	魔	タ	ル	編	味	野	キ	ス	レ	美	ク	ク	ク
園	レ	食	フ	ォ	ー	ク	菜	ー	活	読	味	魚	影
法	品	び	ジ	パ	陶	芸	味	プ	ゲ	ン	し	書	写
編	物	ム	写	リ	エ	法	エ	プ	り	書	い	喜	エ

飲料	フォーク
椅子	フルーツ
スプーン	ケーキ
ランチ	野菜
美味しい	サラダ
夕食	ウェイター
スパイス	スープ

24 - Couleurs

り	物	物	キ	狩	読	シ	ク	撮	ハ	シ	ラ	法	狩
物	び	ム	魔	び	ア	法	狩	書	動	味	ム	味	
オ	グ	園	園	ゼ	紫	ン	リャ	釣	狩	べ	編	釣	
味	レ	園	ゲ	ゼン	画	真	ズ	パ	リ	ー	編	陶	
り	ー	ン	動	シ	活	タ	喜	ン	レ	ラ	ジ	写	
陶	グ	キ	ジ	ダ	物	ャ	編	キ	絵	陶	ュ	び	イ
園	ラ	品	興	園	リャ	喜	紺	魔	ゼ	イ	編	園	
ブ	ラ	ッ	ク	キ	猟	陶	ム	碧	芸	ゼ	ン	興	
喜	物	ム	リ	プ	赤	釣	影	陶	セ	法	ジ	ー	白
喜	グ	ハ	ム	ゲ	読	絵	釣	び	ピ	り	ゴ	写	い
絵	読	ラ	ゾ	ン	芸	撮	画	芸	ア	ン	ン	リ	芸
読	画	狩	ン	ー	魔	緑	び	ジ	ン	フ	ク	シ	ア
ダ	ジ	び	イ	狩	黄	ズ	真	プ	青	キ	エ	び	ズ
物	ル	釣	動	茶	色	ジ	ズ	興	品	園	レ	魔	動

紺碧	黄色
ベージュ	マゼンタ
白い	茶色
クリムゾン	ブラック
シアン	オレンジ
フクシア	ピンク
グレー	セピア
インジゴ	

25 - Avions

撮	味	真	活	ジ	撮	旅	客	書	膨	キ	活	グ	味
レ	ャ	物	イ	園	陶	ム	ズ	リ	ら	ズ	活	高	さ
影	物	活	動	ン	キ	ャ	真	魔	ま	読	品	度	キ
法	リ	画	パ	パ	編	興	絵	シ	せ	建	設	編	喜
書	喜	ャ	ズ	イ	園	空	空	気	る	ク	影	グ	プ
編	ム	真	撮	ロ	燃	方	芸	ゼ	レ	絵	ズ	ゼ	釣
魔	バ	魔	園	ッ	料	乱	向	活	書	興	画	着	陸
ク	ル	ー	水	ト	ゲ	流	ズ	ム	釣	ジ	味	ク	法
ダ	ー	ラ	グ	素	エ	画	ン	ラ	園	影	絵	画	リ
品	ン	編	パ	リ	ン	パ	び	グ	シ	エ	り	ハ	キ
ラ	読	り	歴	史	ジ	猟	ハ	影	グ	影	シ	影	編
喜	法	ハ	エ	書	ン	雰	ー	シ	ル	真	ー	ゼ	り
冒	エ	興	書	降	下	囲	み	興	ー	釣	び	ム	パ
書	険	り	喜	び	興	気	ク	活	イ	リ	画	イ	活

空気	クルー
高度	膨らませる
雰囲気	高さ
着陸	歴史
冒険	水素
バルーン	エンジン
燃料	旅客
建設	パイロット
降下	乱流
方向	

26 - Aventure

ゼ	撮	動	興	味	品	キ	法	狩	シ	ゲ	レ	ゲ	狩
編	興	狩	一	味	喜	ジ	釣	プ	レ	行	撮	ハ	ル
活	動	ズ	ィ	ャ	び	陶	グ	品	動	工	陶	ン	り
プ	ナ	旅	程	読	レ	リ	品	魔	法	画	先	ン	パ
興	絵	ビ	猟	写	絵	キ	読	機	芸	釣	一	陶	友
法	工	珍	ゲ	活	び	動	芸	会	熱	一	陶	新	達
困	難	し	ハ	一	一	園	陶	魔	動	意	み	エ	着
ム	書	い	ク	プ	シ	写	真	勇	気	芸	工	危	ク
園	活	安	全	性	興	ョ	ダ	芸	活	び	猟	険	品
興	動	写	物	プ	チ	ャ	ン	ス	エ	猟	自	な	一
美	し	さ	活	狩	芸	釣	ゲ	猟	キ	活	然	喜	影
ク	準	備	品	工	園	書	ゼ	興	魔	ャ	編	絵	写
陶	キ	グ	ゲ	レ	リ	影	書	猟	グ	真	絵	品	園
真	撮	園	遠	足	書	法	書	イ	課	題	品	ゲ	工

活動	遠足
友達	珍しい
美しさ	旅程
勇気	喜び
チャンス	自然
危険な	ナビゲーション
行き先	新着
課題	機会
困難	準備
熱意	安全性

27 - Ville

り	ジ	陶	ハ	画	博	物	館	パ	動	狩	レ	喜	キ
パ	味	ク	エ	レ	ス	ト	ラ	ン	法	レ	図	キ	撮
パ	イ	編	市	読	タ	法	ク	物	喜	パ	書	ゲ	写
シ	ネ	マ	場	ゲ	ジ	ゲ	絵	シ	読	興	館	写	ホ
ゼ	レ	品	み	画	ア	ル	ン	劇	ラ	芸	味	ジ	テ
芸	魔	ゼ	書	画	ム	影	ズ	場	銀	花	屋	喜	ル
写	味	狩	プ	動	ダ	陶	ル	猟	真	行	芸	釣	ン
画	ラ	ジ	猟	み	釣	真	法	び	画	空	び	キ	エ
薬	画	画	真	イ	ギ	魔	書	動	園	プ	港	影	ダ
局	み	興	芸	ー	物	ャ	活	物	法	シ	ゼ	ダ	編
猟	画	大	書	ハ	猟	芸	ラ	園	興	陶	陶	書	パ
法	キ	学	店	ル	み	狩	陶	リ	動	プ	グ	書	診
ク	リ	校	真	ス	ー	パ	ー	マ	ー	ケ	ッ	ト	療
ベ	ー	カ	リ	ー	キ	ゼ	ハ	ラ	芸	法	芸	狩	所

空港	書店
銀行	市場
図書館	博物館
ベーカリー	薬局
シネマ	レストラン
診療所	スタジアム
学校	スーパーマーケット
花屋	劇場
ギャラリー	大学
ホテル	動物園

28 - Cuisine

釣	読	び	写	シ	ス	瓶	エ	写	冷	ラ	動	狩	ジ
箸	味	画	陶	プ	ポ	ゼ	プ	り	蔵	凍	ラ	レ	物
ン	グ	影	ボ	ズ	ン	絵	ロ	物	庫	喜	庫	興	イ
読	猟	リ	ウ	真	ジ	陶	ン	ハ	レ	ダ	真	み	写
ナ	ケ	ト	ル	狩	園	狩	ゲ	ゼ	シ	ゼ	写	興	ダ
画	プ	レ	シ	ピ	ラ	ラ	陶	喜	ク	興	読	狩	園
グ	書	キ	撮	釣	キ	物	真	猟	オ	ン	プ	書	プ
猟	レ	ナ	ン	カ	ッ	プ	編	ダ	ー	水	差	し	リ
ス	パ	イ	ス	絵	狩	ズ	狩	物	ブ	ャ	活	撮	撮
編	レ	フ	ー	狩	ン	ー	り	ゲ	ン	狩	編	魔	芸
園	影	ォ	釣	影	読	ジ	物	り	味	ム	魔	レ	ズ
び	猟	ー	レ	喜	写	ズ	食	べ	物	撮	み	プ	キ
陶	陶	ク	絵	活	レ	ン	陶	ス	プ	ー	ン	芸	ゼ
ジ	ラ	釣	画	レ	絵	絵	興	狩	狩	狩	芸	ク	影

ボウル	フォーク
ケトル	グリル
冷凍庫	食べ物
ナイフ	レシピ
水差し	冷蔵庫
スプーン	ナプキン
スパイス	エプロン
スポンジ	カップ
オーブン	

29 - Corps Humain

読	ー	膝	編	り	喜	読	真	ダ	み	写	り	写	釣
動	釣	ル	芸	鼻	舌	肘	エ	猟	び	ン	肩	指	パ
び	心	臓	ハ	プ	書	釣	ハ	ム	喜	ー	ダ	足	首
読	動	ラ	真	撮	物	ジ	ゼ	物	ズ	猟	ズ	ロ	撮
プ	パ	物	編	園	ジ	品	シ	絵	肌	芸	キ	み	陶
エ	読	ジ	ゲ	ル	撮	ム	ャ	パ	グ	ン	み	陶	レ
物	猟	シ	グ	園	ラ	法	活	ャ	顔	真	ル	ゼ	品
芸	ク	ダ	読	書	品	ジ	園	真	耳	園	グ	ゼ	真
味	画	り	レ	頭	興	ゼ	グ	活	法	喜	狩	読	画
レ	味	エ	び	読	狩	ル	物	ダ	プ	魔	ム	胃	品
ー	編	ダ	パ	ン	ゼ	グ	絵	猟	ク	真	味	グ	読
手	撮	エ	味	品	喜	ゼ	ダ	ジ	プ	品	書	顎	興
パ	プ	芸	り	物	血	絵	シ	釣	唇	法	真	喜	び
写	狩	法	動	陶	み	猟	ゲ	法	み	脳	陶	園	写

足首   心臓

30 - Épices

```
リ バ ニ ラ カ ア ゼ エ 狩 カ 書 リ 玉 ム
編 り ン 狩 ル 書 ニ リ ゼ レ 編 猟 狩 葱
動 味 ニ パ ダ 園 グ ス み ー 動 リ 園 一
芸 ジ ク 活 モ 写 園 パ ジ 猟 コ 編 ジ 陶
ン 陶 ク ミ ン 品 狩 プ ハ 興 シ 塩 編 興
読 コ リ ア ン ダ ー リ 動 ショ ウ ガ 影
陶 ナ ツ メ グ 活 写 カ ゼ 味 ウ 写 び 狩
ゲ ハ ラ グ キ レ 影 影 編 サ ジ ャ り 興
興 書 ー ム 書 り 園 ク 影 ワ フ 甘 草 活
物 動 ム 物 動 レ り 写 絵 ー ェ ラ 喜 苦
活 品 ダ 品 パ シ ャ 魔 画 法 ン ラ ン い
書 ハ ジ み り ナ ダ 画 ム ン ネ イ イ 猟
み 園 園 ダ 写 モ 活 撮 エ シ ル 読 ハ 味
興 り 写 陶 編 ン パ 絵 写 ー パ プ 芸 狩
```

サワー	フェンネル
ニンニク	ショウガ
苦い	ナツメグ
アニス	玉葱
シナモン	パプリカ
カルダモン	コショウ
コリアンダー	甘草
クミン	サフラン
カレー	バニラ

31 - Science

方	撮	興	ー	り	芸	ダ	プ	喜	ル	ク	編	影	園
法	事	実	法	画	絵	科	学	者	自	猟	プ	パ	狩
プ	味	キ	ン	ズ	書	芸	読	ズ	り	然	物	猟	プ
品	喜	園	ラ	ラ	ク	仮	説	観	読	芸	理	ゲ	陶
グ	レ	重	力	進	化	原	活	察	狩	化	学	薬	品
デ	写	グ	り	プ	石	子	狩	気	候	撮	魔	分	粒
ー	画	釣	グ	狩	シ	猟	シ	キ	シ	リ	物	編	子
タ	ハ	物	ジ	グ	撮	写	研	興	シ	絵	プ	ク	シ
ミ	生	物	猟	イ	品	究	読	シ	レ	撮	実	ズ	真
味	ネ	編	味	陶	味	室	編	法	プ	験	ャ	ダ	
画	ャ	ラ	ジ	ル	プ	活	み	ハ	ク	味	ラ	物	り
活	ク	芸	ル	動	キ	芸	絵	品	真	喜	書	キ	ン
陶	シ	ゼ	ラ	レ	物	キ	影	物	ハ	興	み	ン	読
キ	ー	読	ダ	み	ラ	ダ	プ	み	物	味	ジ	ラ	イ

原子	研究室
化学薬品	方法
気候	ミネラル
データ	分子
実験	自然
進化	観察
事実	生物
化石	粒子
重力	物理学
仮説	科学者

32 - Vêtements

```
書写サ陶猟りプフ撮ゲびグ真ブ
エプロンドレスズァキコダ影ラ
ジ猟キクダブレスレット一写ウ
ャス一画読猟エ撮写シプトス
ケカレ読興帽書セーターョ法ハ
ッ一パンツ子活スカートパン写
トフイ読ンハリプ物りムベ釣み
芸ャハ一り陶魔興動シクル真レ
ゼ芸狩一一ャパジャマネト猟動
園キ動エ読りイ一物ゲッ芸パ興
エク靴編興陶ジン編影ク編び興
猟芸編ハシ影絵ズダラレ釣び味
影活園エャイパダリ真ス手袋ャ
芸シハ動ツ法ラダ撮物写味レレ
```

ブレスレット	コート
ベルト	ファッション
帽子	パンツ
シャツ	セーター
ブラウス	パジャマ
ネックレス	ドレス
スカーフ	サンダル
手袋	エプロン
ジーンズ	ジャケット
スカート	

33 - Arts Visuels

絵 ズ チ ョ ー ク ル 傑 シ イ ゲ 喜 映 画
画 影 み ワ 画 ジ プ 作 狩 ー 構 動 釣 ワ
ン 書 活 ニ ー 書 写 パ ズ ゼ 建 成 炭 ッ
陶 パ ー ス ペ ク テ ィ ブ ル 築 パ 書 ク
ス 狩 編 ア ー テ ィ ス ト 読 魔 味 法 ス
編 テ 狩 ダ ダ ゲ 鉛 陶 イ パ イ ン ゼ ズ
釣 ー ン ラ ゼ ム 筆 み 絵 喜 ジ り ペ ン
ム 物 プ シ ポ ー ト レ ー ト 真 キ ー 読
彫 刻 グ ル ル 書 品 ク 陶 器 ジ 活 パ キ
影 喜 ジ 味 興 魔 パ 活 ズ 味 ラ 狩 エ ー
ク 真 動 ダ ャ 絵 プ 粘 ジ ャ ラ ラ 芸 シ
ン 法 創 造 性 ゲ 真 ラ 土 エ り 影 読 エ
ン パ 撮 撮 ン ル 物 園 狩 ン 編 リ 興 リ
ハ リ 芸 リ エ 写 編 物 ゲ ハ 真 ム み 影

建築	映画
粘土	絵画
アーティスト	パースペクティブ
傑作	ステンシル
イーゼル	ポートレート
ワックス	陶器
構成	彫刻
チョーク	ペン
鉛筆	ワニス
創造性	

34 - Méditation

味喜感謝ハ影自ダ陶味ラ撮イム
ク喜ン猟ゲク影影然品パクズ編動陶シ
プマダみル読び影影法感情姿レイレ影クパみりジラ法物
ゼイ真ジ読法情イ影写クみりジラ法物
メンタル真観姿レエパみり法物
習ドクゼ撮察勢沈黙絵ゼジグリ
親慣キゼズ園陶み真写グラ釣喜
切ハ書びゃ狩陶み猟思考釣真びレ
音キ絵グ釣ー猟思ーい呼吸ジャびズレズび
写楽写グゲゼーいや吸ズ猟レズび
平和受け入れ撮エりャエ絵ズキジ
パースペクティブみゼムーキびジ
真ル釣注意プ撮園動きエ芸味リャ
ダプラプ絵ダ影イグム猟リャ品

受け入れ　　　　　動き
注意　　　　　　　音楽
明快　　　　　　　自然
思いやり　　　　　観察
マインド　　　　　平和
感情　　　　　　　思考
親切　　　　　　　パースペクティブ
感謝　　　　　　　姿勢
習慣　　　　　　　呼吸
メンタル　　　　　沈黙

35 - Littérature

テ	ー	マ	分	析	撮	真	興	興	レ	ラ	ク	グ	狩
興	ジ	キ	法	書	レ	写	ル	釣	ジ	ク	リ	陶	喜
画	絵	ラ	リ	ズ	ム	ゲ	シ	写	ク	芸	写	園	ク
プ	編	撮	芸	ル	ハ	品	グ	ダ	法	イ	ル	芸	ク
絵	編	ナ	画	狩	ダ	画	ム	類	ジ	ラ	び	び	法
法	真	レ	物	興	ゲ	逸	読	推	対	絵	画	び	キ
ラ	ス	ー	写	イ	ダ	喜	話	絵	り	話	陶	釣	喜
喜	ー	タ	比	較	物	品	り	写	味	写	ジ	味	物
ラ	ー	イ	伝	記	ダ	撮	猟	比	喩	写	撮	一	書
著	者	編	悲	ル	ダ	興	エ	ジ	レ	ク	動	活	説
画	画	韻	劇	パ	編	動	ズ	り	結	論	小	説	明
エ	園	品	ジ	ハ	フ	ィ	ク	シ	ョ	ン	ク	ャ	明
り	興	ゼ	ム	品	猟	ゲ	ク	エ	び	撮	レ	り	エ
ラ	ジ	ゲ	画	興	喜	書	パ	撮	狩	ゲ	園	詩	的

類推
分析
逸話
著者
伝記
比較
結論
説明
対話

フィクション
比喩
ナレーター
詩的
小説
リズム
スタイル
テーマ
悲劇

36 - Nourriture #1

園	ク	ラ	ャ	動	パ	味	塩	シ	ラ	ジ	絵	読	猟
ツ	苺	ー	ン	味	絵	法	リ	ナ	魔	ー	玉	葱	味
ナ	画	編	魔	狩	ゼ	ャ	ジ	モ	釣	撮	ク	法	シ
ャ	ハ	物	味	パ	動	味	肉	ン	動	動	絵	画	砂
物	シ	画	興	動	バ	ジ	ル	画	品	み	書	リ	糖
法	画	狩	ゲ	法	動	梨	撮	読	画	ル	写	シ	ダ
グ	写	ラ	レ	エ	び	書	陶	に	ん	じ	ん	り	猟
動	パ	ニ	モ	キ	ダ	ゲ	ジ	レ	ミ	ル	ク	レ	物
イ	撮	ジ	ン	サ	ラ	ダ	ゲ	ほ	イ	写	プ	エ	品
活	撮	ュ	陶	ニ	ム	ス	び	う	ゼ	ゲ	活	狩	喜
ン	オ	ー	カ	ブ	ク	ー	編	れ	園	法	喜	法	品
法	オ	ス	ジ	釣	狩	プ	真	ん	芸	ゲ	プ	ゲ	釣
興	ム	コ	ー	ヒ	ー	書	パ	草	ゼ	パ	ゼ	魔	読
園	ギ	エ	プ	シ	ズ	真	品	読	パ	興	キ	エ	喜

ニンニク	ミルク
バジル	カブ
コーヒー	玉葱
シナモン	オオムギ
にんじん	サラダ
レモン	スープ
ほうれん草	砂糖
ジュース	ツナ

37 - Jours et Mois

エ	イ	プ	リ	ル	カ	七	月	行	ジ	真	ム	シ	金
魔	魔	絵	ハ	絵	書	レ	法	進	木	曜	日	六	曜
火	曜	日	狩	ハ	物	グ	ン	猟	ン	撮	五	月	日
絵	狩	曜	釣	読	ラ	芸	活	ダ	エ	リ	法	狩	シ
影	ダ	日	ャ	画	イ	編	年	エ	ー	ン	ル	真	み
り	画	園	撮	土	画	ラ	物	ハ	編	編	イ	セ	イ
み	撮	真	影	ダ	曜	シ	猟	写	活	週	ラ	プ	月
狩	陶	イ	園	写	芸	日	撮	り	活	読	ラ	テ	書
ク	ダ	物	イ	ー	シ	園	グ	リ	写	ム	喜	ン	編
ニ	ラ	月	曜	日	写	撮	ク	ル	ハ	活	編	バ	ー
月	グ	シ	ゲ	り	シ	ハ	絵	シ	編	編	猟	一	魔
水	曜	日	影	八	味	品	喜	書	シ	ゲ	撮	動	撮
喜	法	ズ	影	猟	月	ゼ	ゲ	芸	味	ラ	園	法	ク
ゲ	プ	動	ゼ	ク	ジ	写	エ	ズ	十	一	月	ゲ	書

八月	五月
エイプリル	火曜日
カレンダー	行進
日曜日	水曜日
二月	十一月
木曜日	土曜日
七月	セプテンバー
六月	金曜日
月曜日	

38 - Championnat

```
ゼ パ フ ォ ー マ ン ス 勝 魔 チ グ 戦 グ
ズ 興 ジ ァ ダ み 魔 動 利 グ 狩 シ 略
グ み 芸 リ イ ゲ 動 チ ゲ 動 ン エ ラ レ
ム ス ポ ー ツ ナ 活 ー 動 喜 ピ 絵 写 芸
ク キ ー グ 興 ル リ ム シ ゲ オ 撮 狩 ル
ク ラ モ ダ ム 法 写 ス 編 釣 ン 魔 工 釣
み 魔 チ ャ ン ピ オ ン ト シ シ パ 絵 画
読 ズ ベ 猟 び み ズ 猟 ャ ダ ッ プ 影 ハ
り パ ー 物 裁 レ 狩 キ シ 撮 プ ダ 真 り
味 編 シ キ 判 編 ル イ イ ン 絵 ダ 物 イ
書 ゼ ョ ゲ 官 ャ イ メ ダ ル プ 影 コ り
狩 ジ ン ー ト ー ナ メ ン ト 撮 読 ー ゲ
ー 真 ク ム エ エ レ リ 猟 エ み ラ チ り
味 ゲ レ 汗 法 び 活 ン エ 撮 ハ 法 レ 園
```

チャンピオン	メダル
チャンピオンシップ	モチベーション
コーチ	パフォーマンス
チーム	スポーツ
ファイナリスト	戦略
ゲーム	トーナメント
裁判官	勝利
リーグ	

39 - Pirates

ゴ	興	ゲ	ル	喜	猟	影	真	傷	イ	物	ズ	ズ	シ
ー	リ	キ	ズ	ラ	書	芸	び	跡	り	み	エ	猟	島
ル	書	園	書	興	影	編	ア	絵	法	園	旗	味	剣
ド	パ	ー	味	ゲ	パ	み	ン	猟	絵	活	魔	物	び
危	険	ラ	び	ダ	グ	編	カ	ム	イ	撮	ハ	キ	ゲ
ル	ラ	イ	物	釣	冒	ク	ー	書	読	ダ	猟	真	ン
写	ー	法	ン	魔	険	伝	ム	法	み	海	み	読	ン
狩	キ	ャ	プ	テ	ン	説	プ	ビ	グ	洋	味	ゼ	り
ダ	法	プ	悪	喜	動	法	ク	ル	ー	ム	ハ	ゼ	洞
コ	イ	ン	い	品	写	ン	宝	撮	ー	チ	ム	ダ	窟
写	編	リ	読	釣	び	園	撮	味	オ	影	ク	ズ	ゼ
狩	活	興	書	地	図	レ	活	び	ウ	ジ	り	画	写
釣	画	法	エ	ラ	狩	び	み	ラ	ム	酒	撮	ダ	ハ
撮	物	プ	動	イ	グ	ム	り	グ	絵	味	イ	み	エ

アンカー	伝説
冒険	悪い
キャプテン	海洋
地図	ゴールド
傷跡	オウム
危険	コイン
クルー	ビーチ
洞窟	ラム酒

40 - Activités

興 味 撮 リ 芸 ャ ム 撮 び ラ 釣 芸 法 読
猟 絵 ア 編 園 芸 エ ハ ャ 書 真 ラ 魔 レ
真 ゲ ー ム 猟 ル 品 イ 書 喜 釣 エ 園 ー
動 エ ト 書 み 喜 リ キ ラ 物 読 び ク み
芸 ー レ 撮 り り ャ ン 読 園 書 ル 喜 ゲ
物 ム 読 読 ジ キ 味 グ ル ス 興 味 プ 法
魔 ム 興 ジ 園 絵 芸 ク 芸 キ ャ ン プ 芸
法 法 キ 喜 び 物 画 プ り ル 狩 縫 製 魔
興 品 釣 レ ジ ャ ー ゼ 興 グ ズ ー 品 釣
リ ラ ク ゼ ー シ ョ ン 書 動 ー 編 り り
ン キ 法 シ ラ ハ パ 画 写 真 撮 影 画 狩
園 ダ ン シ ン グ 活 撮 ハ 写 法 画 編 猟
工 芸 品 喜 影 ジ 動 工 狩 活 画 品 編 魔
園 編 陶 ハ 興 プ 法 法 ズ 物 ゼ リ 読 ー

活動	ゲーム
アート	読書
工芸品	レジャー
キャンプ	魔法
狩猟	絵画
スキル	釣り
縫製	写真撮影
ダンシング	喜び
興味	ハイキング
園芸	リラクゼーション

41 - Fleurs

ル	釣	活	読	び	り	ゼ	ダ	ゼ	エ	ー	マ	興	チ
デ	活	レ	物	味	活	園	読	ひ	ズ	ゲ	グ	エ	ュ
ラ	イ	ラ	ッ	ク	ズ	動	レ	ま	書	ダ	ノ	味	ー
魔	影	ジ	レ	レ	ゼ	ル	魔	わ	キ	書	リ	レ	リ
編	ダ	ラ	ー	喜	影	ト	イ	り	ズ	エ	ア	イ	ッ
プ	ル	メ	リ	ア	百	合	ケ	ク	牡	丹	ー	興	プ
ジ	ャ	ス	ミ	ン	写	ハ	ラ	イ	チ	狩	ン	蘭	ャ
び	写	狩	ク	り	読	イ	ン	興	ソ	ナ	ジ	ダ	ジ
ク	ロ	ー	バ	ー	影	ビ	味	陶	ラ	ウ	シ	編	ジ
狩	ズ	絵	書	み	ハ	ス	ポ	ピ	ー	イ	品	ハ	味
ル	動	リ	パ	陶	興	カ	リ	キ	書	ジ	ラ	釣	法
陶	猟	エ	物	パ	ン	ス	画	釣	ハ	ク	プ	編	ジ
狩	エ	釣	ゲ	活	喜	書	花	束	タ	ン	ポ	ポ	ハ
ラ	ベ	ン	ダ	ー	シ	猟	弁	画	ハ	猟	釣	レ	ン

花束	トケイソウ
クチナシ	ポピー
ハイビスカス	花弁
ジャスミン	タンポポ
ラベンダー	牡丹
ライラック	プルメリア
百合	ひまわり
マグノリア	クローバー
デイジー	チューリップ

42 - Nourriture #2

レ	茄	子	グ	キ	ト	撮	プ	キ	ノ	コ	イ	ー	キ
陶	編	リ	ー	ウ	マ	釣	味	編	芸	猟	ズ	猟	ャ
画	チ	書	影	イ	ト	動	撮	び	猟	プ	エ	ゼ	猟
レ	ェ	ゼ	バ	ナ	ナ	ハ	チ	魚	ダ	米	ム	ゼ	書
ン	リ	園	釣	物	プ	パ	キ	リ	ー	喜	影	動	絵
魔	ー	卵	パ	画	レ	マ	ン	ゴ	ー	葡	ブ	ゲ	品
芸	び	ダ	活	り	ク	ダ	ル	芸	ャ	萄	ロ	ー	ム
読	釣	エ	エ	物	影	ハ	ン	小	喜	陶	ッ	喜	ズ
写	ラ	キ	イ	猟	物	芸	ム	喜	麦	活	コ	絵	ダ
キ	物	影	ア	ッ	プ	ル	読	喜	セ	ロ	リ	ハ	ャ
画	ラ	ズ	ー	ゼ	狩	ル	チ	ョ	コ	レ	ー	ト	撮
味	猟	グ	モ	書	味	編	ャ	ム	ク	編	キ	グ	物
撮	ゲ	ゼ	ン	り	ー	画	画	ダ	ジ	ハ	絵	ク	画
真	狩	ズ	ド	ゼ	真	編	エ	絵	ク	ン	読	ル	味

アーモンド
茄子
バナナ
小麦
ブロッコリー
チェリー
セロリ
キノコ
チョコレート

ハム
キウイ
マンゴー
パン
アップル
チキン
葡萄
トマト

43 - Océan

動	ゼ	ゲ	魔	ム	ゼ	イ	狩	味	興	魔	シ	た	び
喜	ラ	ス	り	読	物	釣	編	真	ゲ	芸	法	こ	ク
波	猟	り	ポ	び	り	ム	キ	撮	芸	品	キ	ゲ	ズ
動	ン	ゼ	リ	ン	写	猟	う	レ	ゲ	喜	グ	イ	品
ゲ	絵	エ	海	藻	ジ	エ	魚	な	影	法	撮	写	パ
鮫	絵	絵	書	写	魔	ビ	鯨	芸	ぎ	陶	狩	ル	ン
ジ	撮	魔	ツ	ナ	狩	ズ	興	釣	シ	動	ル	レ	ー
エ	ダ	ル	ジ	ク	カ	ニ	イ	写	読	ク	編	猟	塩
コ	リ	嵐	ー	興	メ	品	ル	ム	品	り	絵	物	ゲ
芸	ー	ク	ボ	ー	ト	狩	カ	写	法	画	レ	ル	び
画	フ	ラ	味	ハ	真	ズ	キ	グ	ゲ	興	画	パ	活
エ	狩	ゲ	ル	み	書	物	芸	ハ	芸	グ	興	り	ク
物	猟	み	狩	書	興	物	品	動	ン	読	品	猟	プ
撮	興	シ	ル	読	味	興	絵	園	読	ジ	編	陶	味

海藻	スポンジ
うなぎ	カキ
ボート	クラゲ
コーラル	たこ
カニ	リーフ
エビ	ツナ
イルカ	カメ

44 - Remplir

物	リ	ン	絵	ラ	シ	瓶	写	ャ	読	ジ	び	魔	写
絵	バ	ッ	グ	花	瓶	り	画	画	動	グ	ダ	み	ク
ル	ス	猟	容	画	り	キ	品	び	画	猟	封	筒	レ
写	ケ	フ	器	味	イ	撮	書	影	イ	カ	読	箱	ー
ダ	ッ	ォ	法	編	真	真	撮	画	活	撮	ー	ボ	ト
プ	ト	ル	画	ゲ	芸	ラ	撮	書	ポ	ケ	ッ	ト	ラ
画	猟	ダ	ハ	園	書	動	読	ハ	イ	読	り	ル	ン
ダ	ク	撮	み	釣	び	パ	ジ	写	浴	パ	芸	真	活
釣	ゲ	ン	ト	レ	イ	プ	ム	ゲ	撮	槽	影	編	喜
チ	シ	り	バ	レ	ル	活	味	り	魔	魔	ー	り	ズ
園	ュ	パ	ケ	ッ	ト	び	影	ム	芸	キ	ム	陶	陶
ダ	ス	ー	ツ	ケ	ー	ス	陶	み	撮	ハ	ン	レ	ラ
喜	動	プ	ブ	芸	み	写	エ	編	シ	引	き	出	し
グ	り	編	ゼ	ャ	味	ズ	読	魔	興	み	撮	ク	ゲ

浴槽	パケット
バレル	トレイ
ボトル	ポケット
クレート	バッグ
カートン	バケツ
フォルダ	引き出し
封筒	チューブ
容器	スーツケース
バスケット	花瓶

45 - Ballet

ゲ	味	写	書	ゲ	品	品	味	法	ジ	ー	狩	ズ	法
音	喜	ラ	喜	魔	パ	ダ	み	読	ェ	ク	振	芸	ー
楽	エ	絵	絵	み	パ	み	レ	ッ	ス	ン	り	ゼ	グ
ス	タ	イ	ル	芸	ソ	品	ク	影	チ	動	付	レ	品
キ	ジ	画	ル	ン	エ	ロ	シ	プ	ャ	書	け	ク	ゲ
ル	芸	ダ	り	興	真	陶	芸	ム	ー	ム	ム	練	真
絵	筋	肉	編	法	絵	技	術	プ	ー	強	度	品	習
画	狩	び	エ	影	キ	表	的	法	ジ	ズ	活	読	ク
ダ	プ	キ	バ	撮	写	現	ダ	画	ゲ	写	喜	狩	ャ
魔	ン	ハ	レ	絵	ズ	力	み	ャ	キ	品	ク	パ	動
狩	興	サ	リ	芸	芸	豊	拍	園	エ	絵	作	曲	家
ル	リ	ハ	ー	サ	ル	か	手	ル	プ	猟	ハ	シ	絵
書	ズ	パ	ナ	イ	ゼ	な	び	法	イ	グ	園	エ	影
ン	ム	オ	ー	ケ	ス	ト	ラ	品	ン	み	び	び	リ

拍手	レッスン
芸術的	筋肉
バレリーナ	音楽
振り付け	オーケストラ
スキル	練習
作曲家	リハーサル
ダンサー	リズム
表現力豊かな	ソロ
ジェスチャー	スタイル
強度	技術

46 - Fruit

プ	味	レ	モ	ン	パ	パ	イ	ヤ	猟	桃	影	ゼ	園
り	ラ	活	イ	シ	葡	萄	チ	影	物	ダ	法	陶	活
び	ゲ	シ	パ	絵	キ	グ	ジ	芸	ハ	撮	品	ハ	ハ
キ	ハ	陶	ジ	ダ	読	キ	ク	ネ	撮	オ	法	メ	シ
法	梨	ア	ボ	カ	ド	ウ	撮	味	マ	レ	ロ	プ	プ
パ	イ	ナ	ッ	プ	ル	イ	ベ	タ	絵	ン	パ	ン	レ
撮	絵	活	プ	プ	ズ	編	プ	リ	パ	ゴ	影	猟	ジ
狩	ダ	ジ	レ	法	ル	ン	物	ン	ー	ー	ジ	ム	ズ
法	ラ	ゼ	撮	ハ	グ	園	レ	絵	味	ゲ	チ	物	ハ
イ	レ	法	ャ	エ	ア	プ	リ	コ	ッ	ト	ェ	釣	み
ラ	ズ	ベ	リ	ー	バ	編	バ	ナ	ナ	り	リ	り	ズ
影	狩	編	動	法	活	法	ラ	味	り	ゼ	ー	リ	喜
絵	釣	真	興	ラ	狩	ゲ	狩	書	キ	喜	動	リ	物
書	釣	キ	ズ	み	ー	プ	シ	ゲ	ル	ー	リ	法	ル

アプリコット   グアバ
パイナップル   キウイ
アボカド   マンゴー
ベリー   メロン
バナナ   ネクタリン
チェリー   オレンジ
レモン   パパイヤ
イチジク   アップル
ラズベリー   葡萄

47 - Surf

ゼ	釣	ム	物	活	ム	人	喜	ラ	イ	パ	芸	物	真
ゃ	写	プ	エ	狩	強	気	園	ム	狩	リ	味	物	ハ
真	パ	ズ	芸	陶	さ	の	真	狩	ジ	ー	み	影	み
陶	品	パ	エ	味	泡	味	法	興	び	読	味	ゃ	撮
興	パ	ラ	味	み	ビ	陶	ゃ	チ	ャ	ン	ピ	オ	影
び	エ	り	編	ー	ア	ス	リ	ー	ト	胃	ラ	ン	り
プ	真	ラ	リ	チ	ハ	み	リ	物	キ	シ	み	喜	ラ
群	イ	ズ	ャ	ー	レ	パ	ー	影	イ	法	読	エ	味
ャ	衆	品	興	活	フ	撮	ク	書	ゲ	シ	写	天	気
楽	し	い	み	影	ル	興	ラ	芸	シ	狩	レ	ダ	ハ
ム	品	法	リ	真	レ	猟	パ	エ	エ	園	法	初	ダ
シ	読	ダ	ャ	リ	パ	ン	ド	ー	シ	ラ	シ	心	ダ
ゲ	ゲ	真	ー	ス	タ	イ	ル	波	ハ	海	洋	者	度
魔	ダ	品	ゲ	ン	写	ゼ	パ	ン	活	園	狩	陶	キ

楽しい	海洋
アスリート	パドル
チャンピオン	ビーチ
初心者	人気の
強さ	リーフ
群衆	スタイル
天気	速度

48 - Technologie

```
釣 デ コ ク 読 カ ー ソ ル 猟 写 芸 喜 活
狩 ー 書 ン 撮 メ ッ セ ー ジ キ び 撮 品
ズ タ 影 り ピ ラ 釣 レ ー ハ 品 レ グ ン
物 シ 真 レ 動 ュ 読 影 ウ イ ル ス 影 芸
狩 動 興 び 統 計 ー プ デ ダ イ リ 品 ゲ
パ 書 品 ゲ バ キ 釣 タ ゼ ジ ン 動 ム 法
キ 読 影 り イ ブ ラ ウ ザ 品 タ ジ ジ 物
ソ り ズ 読 ト ル 釣 キ レ 撮 ー び 釣
フ 画 味 芸 園 イ ダ 安 読 撮 ネ ム 読 研
ト 面 シ 品 狩 ジ ゼ 全 編 プ ッ 真 釣 究
ウ 画 撮 釣 品 編 絵 フ ォ ン ト 法 ー イ
ェ ク 魔 ブ ロ グ 芸 ァ 真 り 興 写 仮 編
ア ダ 釣 魔 絵 読 み イ ズ 真 ム 園 ズ 想
グ 読 ー エ ゲ ゲ ャ ル ャ 活 ゲ 魔 真 影
```

ブログ	デジタル
カメラ	バイト
カーソル	コンピュータ
データ	フォント
画面	研究
ファイル	安全
インターネット	統計
ソフトウェア	仮想
メッセージ	ウイルス
ブラウザ	

49 - Météo

品	ズ	動	真	園	狩	喜	ダ	プ	品	シ	イ	ズ	霧
キ	り	喜	ダ	ジ	嵐	園	編	活	ャ	ー	イ	ル	ャ
雷	読	陶	キ	ム	興	雰	ル	魔	グ	び	魔	ハ	動
キ	物	び	撮	プ	活	囲	び	ー	そ	リ	エ	影	イ
洪	水	リ	読	写	ム	気	園	陶	よ	味	ジ	ル	虹
り	空	み	絵	芸	影	候	真	ム	風	喜	レ	シ	絵
ド	ラ	イ	園	品	み	び	写	旱	魃	釣	ラ	ー	雲
魔	編	芸	写	園	法	イ	ジ	エ	グ	読	画	プ	喜
芸	撮	活	芸	レ	ム	り	ト	狩	物	ー	ラ	ン	動
竜	巻	撮	一	読	絵	ン	ロ	品	エ	ゼ	ー	モ	芸
ズ	り	味	ム	プ	品	み	ピ	ハ	リ	ケ	ー	ン	画
物	物	ジ	動	び	極	性	カ	び	み	画	ジ	ス	キ
エ	氷	風	ク	び	影	釣	ル	温	魔	画	グ	ー	り
レ	喜	味	ラ	喜	パ	ジ	エ	度	ル	ン	活	ン	エ

雰囲気　　　　　極性
そよ風　　　　　ドライ
気候　　　　　　旱魃
洪水　　　　　　温度
モンスーン　　　竜巻
ハリケーン　　　トロピカル

50 - Châteaux

```
ン ジ イ ム ゲ 活 撮 動 ラ ハ 喜 ユ 鎧 プ
イ 真 エ 騎 陶 芸 活 封 り レ 味 二 園 シ
魔 タ 書 士 ク レ ジ 建 ゼ 狩 真 コ 狩 ー
ジ ワ プ 絵 喜 び 魔 狩 要 法 ノ ー ブ ル
ム ー 物 ャ 興 狩 読 絵 影 塞 ル ン ハ ド
ラ 活 シ パ ジ び 真 カ タ パ ル ト ゼ 編
園 真 イ 影 レ ダ ラ エ ゼ 影 ラ 壁 ム 編
写 園 馬 帝 王 子 ラ 活 狩 書 エ 活 ゲ パ
真 レ 興 写 国 品 影 編 ル ャ パ ン ャ 書
ラ ク び グ 興 写 絵 活 リ 動 狩 ゲ ル
ド ラ ゴ ン 読 レ ム パ び 王 女 味 キ 書
画 ウ エ プ 味 撮 イ 興 読 朝 読 み イ 魔
宮 ン 猟 ゼ 品 ク ラ 写 絵 り 喜 物 剣
キ 殿 ハ ー 読 ラ 味 シ 活 ジ 活 ゼ グ 法
```

シールド	要塞
カタパルト	ユニコーン
騎士	ノーブル
クラウン	宮殿
ドラゴン	王子
王朝	王女
帝国	王国
封建	タワー

51 - Randonnée

```
水 写 猟 読 喜 ラ ゼ 書 味 影 品 物 太 ハ
撮 興 品 崖 品 ハ シ キ 味 画 パ グ 陽 釣
魔 陶 グ 影 撮 ク プ ラ 撮 物 ル り 動 釣
ン 芸 画 び 猟 活 ャ 地 芸 ゼ ゼ 興 キ ャ
撮 味 グ 釣 ー 読 品 図 山 ブ ジ 芸 パ ン
真 陶 影 準 オ リ エ ン テ ー シ ョ ン プ
び ン ジ 法 備 エ 魔 書 芸 ッ プ 天 公 グ
陶 書 び ル ム グ ダ 猟 陶 ゼ 喜 気 園 釣
ダ 魔 画 猟 シ ク ガ イ ド ン 狩 候 陶 ム
イ 物 野 キ 絵 リ 猟 味 び 絵 ン ゲ 魔 レ
ム 猟 生 猟 み ラ サ ハ 画 画 撮 ー 編 石
自 猟 リ 品 ラ 法 ミ び 真 ゼ ル 興 シ ー
然 パ 写 疲 れ た ッ 重 い ゲ 撮 動 ク 狩
ー 画 リ ジ 釣 ー ト 活 影 狩 陶 物 動
```

動物	天気
ブーツ	自然
キャンプ	オリエンテーション
地図	公園
気候	準備
疲れた	野生
ガイド	太陽
重い	サミット

52 - Meubles

布 動 画 興 影 狩 画 喜 ラ ダ 喜 マ プ エ
団 ル ャ 魔 リ イ 写 ダ ム ド レ ッ サ ー
ラ ベ 法 陶 ソ 品 ー り 画 狩 絵 ト ラ イ
グ ン び 狩 フ シ ル 法 写 エ 絵 レ ラ 釣
ジ チ プ 枕 ァ ー プ び レ ゲ 撮 ス 法 書
ハ り シ ゼ み ハ 読 興 陶 ハ ン モ ッ ク
ア カ 興 影 グ ベ ッ ド 陶 活 喜 ク 戸 棚
画 ー ラ ゼ 狩 書 鏡 撮 影 撮 リ 影 り 活
ハ テ ム 影 ク リ び 撮 み 陶 机 レ 狩 画
興 ン 撮 チ シ 動 品 品 動 猟 ー ー パ 書
園 撮 ダ 活 ェ 絵 み 味 椅 子 本 ャ 影 ン
読 ン 園 味 パ ア 猟 ハ 興 法 棚 ハ シ グ
編 画 画 写 物 物 読 り ク 画 物 ズ ジ エ
レ 撮 読 ジ ャ ク ッ シ ョ ン ム リ 園 ル

戸棚	布団
ベンチ	ハンモック
本棚	ランプ
ソファ	ベッド
椅子	マットレス
ドレッサー	カーテン
クッション	ラグ
アームチェア	

53 - Art

セ	喜	ズ	影	法	み	編	み	レ	オ	ン	プ	描	び
キ	ラ	動	エ	シ	ュ	ル	レ	ア	リ	ス	ム	く	喜
味	リ	ミ	ク	画	活	活	写	影	ジ	み	リ	ル	狩
ゼ	ル	味	ッ	絵	書	ラ	法	読	ナ	猟	ル	り	ラ
ハ	狩	ラ	ラ	ク	画	プ	ャ	動	ル	パ	撮	画	ル
イ	ン	ス	パ	イ	ヤ	さ	れ	た	繁	雑	物	芸	イ
リ	興	ゼ	ン	ャ	シ	写	画	ビ	ャ	物	真	ジ	品
ズ	イ	陶	真	リ	品	シ	ゼ	ジ	物	シ	キ	キ	ジ
画	味	プ	陶	撮	プ	ン	り	ュ	ー	味	表	件	動
芸	作	読	園	喜	ャ	ボ	シ	ア	真	ム	現	名	ハ
構	成	シ	味	読	品	ル	イ	ル	ジ	ク	ラ	ム	エ
ズ	画	狩	気	ラ	興	ハ	真	ジ	物	ゲ	狩	イ	グ
個	人	的	分	詩	画	び	彫	刻	正	グ	シ	ー	陶
陶	影	ズ	ル	絵	パ	ン	び	ゲ	画	直	編	喜	芸

セラミック　　　　　　　　オリジナル
繁雑　　　　　　　　　　　絵画
構成　　　　　　　　　　　個人的
作成　　　　　　　　　　　彫刻
描く　　　　　　　　　　　件名
表現　　　　　　　　　　　シュルレアリスム
正直　　　　　　　　　　　シンボル
気分　　　　　　　　　　　ビジュアル
インスパイヤされた

54 - Nutrition

真イレみリ炭魔シプ品しり絵物
絵魔ラ画動水絵動狩陶法喜ジ釣
ハグ芸食化ハ編品質食法ラク
ダ影ム撮び物元気プ用喜物びび
読グ法影ダパ重釣動ダ物魔消化
クレ喜喜ラ絵さダゼイク喜ゃ法
真ジ猟ルレ苦バラダエ健康り書
絵物パ書ムい魔ラ法ッ動ープ味
ゃーゼ発魔クレびント芸芸陶
カロリー酵パ影ソースン撮シ編
毒素キビタミンゲーグパーび釣
真ゲ活ク読レ動レラ魔クイ画レ
レハ液ジパ読ゼ陶ゃ芸質味ス影
パ喜体ゃ絵パレー画ゃ影画びジ

苦い	液体
食欲	重さ
カロリー	タンパク質
食用	品質
ダイエット	元気
消化	健康
スパイス	ソース
バランス	毒素
発酵	ビタミン
炭水化物	

55 - Science Fiction

神 イ リ ュ ー ジ ョ ン 読 書 釣 ン 法 写
秘 影 レ パ ャ 編 キ 品 世 法 ゲ 法 プ 釣
的 素 晴 ら し い 虚 絵 界 ダ ゲ 興 び エ
な 喜 エ ズ 活 編 数 画 キ ム 銀 河 魔 り
ャ 画 ズ 火 エ ズ 書 編 影 写 グ キ ジ 画
技 術 絵 び 喜 ダ 魔 読 魔 ゲ ハ ン 爆 プ
り 興 ル 撮 キ 陶 書 活 エ 狩 書 物 発 法
喜 ラ イ 撮 写 み 未 籍 喜 物 プ 品 味 エ
ダ 撮 猟 イ 興 ゼ ゼ 来 画 ロ シ ナ リ オ
レ 撮 ル 園 キ 影 写 物 的 ボ シ ネ 読 ラ
ディ ス ト ピ ア ア ト ミ ッ ク 芸 マ ク
影 ン 芸 現 実 的 ゼ ユ ー ト ピ ア 釣 ル
ダ 陶 リ 影 ジ み ゼ ン ク 画 編 り 惑 星
画 レ 写 狩 書 読 ャ キ ャ 動 写 リ パ ダ

アトミック
シネマ
ディストピア
爆発
素晴らしい
未来的
銀河
イリュージョン
虚数
書籍

世界
神秘的な
オラクル
惑星
現実的
ロボット
シナリオ
技術
ユートピア

56 - Professions #1

```
ク ン 編 び イ 魔 ル 読 ゲ 真 真 ゲ 物 絵
ゼ ゼ キ 陶 影 法 物 配 芸 ル 品 イ み レ
看 園 シ 画 園 動 絵 管 編 ク 品 ピ ジ 画
ー 護 踊 り 子 大 使 工 集 書 味 ア び 猟
陶 味 婦 喜 影 影 獣 医 者 影 グ ニ 園 画
法 猟 喜 ン 銀 行 家 び ダ ー 園 ス ト 読 天
キ 弁 護 士 興 法 魔 ム 写 コ 絵 ト ジ 文
猟 園 り 写 シ 釣 パ ハ ン タ ー プ 動 学
音 楽 家 園 地 図 製 作 者 ハ 絵 チ 宝 者
喜 び 陶 ズ ゼ 撮 レ 読 ル 園 ハ ム 石 ク
動 狩 消 ー び 味 心 芸 ン ン 科 芸 商 ゲ
読 ャ ゼ 防 イ 工 理 ラ ゼ 喜 学 ズ リ 真
ン シ ム 喜 士 法 学 魔 プ 喜 者 撮 ン ゼ
ラ 真 品 地 質 学 者 ズ 味 り 編 シ ゲ 物
```

大使	地質学者
天文学者	看護婦
弁護士	医者
銀行家	音楽家
宝石商	ピアニスト
地図製作者	配管工
ハンター	消防士
踊り子	心理学者
コーチ	科学者
編集者	獣医

57 - Géologie

ゲ	狩	ラ	キ	化	石	酸	間	魔	シ	ゼ	ラ	ム	猟
画	ゼ	撮	写	ャ	ゲ	シ	欠	猟	リ	読	魔	ダ	絵
コ	ゾ	ミ	ゼ	キ	ン	工	泉	み	ジ	ム	ジ	画	品
石	ー	ネ	読	動	喜	シ	ゲ	ル	撮	園	撮	り	喜
真	ン	ラ	カ	イ	ン	ャ	影	パ	り	猟	工	写	ジ
プ	鍾	ル	ル	洞	窟	影	ラ	ゼ	み	大	キ	狩	ム
活	乳	ズ	シ	活	喜	ズ	絵	釣	ャ	リ	陸	ジ	工
味	石	読	ウ	書	ル	グ	法	ゼ	プ	影	影	キ	陶
味	塩	味	ム	り	リ	活	釣	ー	層	ー	写	ラ	園
り	リ	真	法	グ	ハ	興	撮	高	原	侵	園	ル	活
ダ	真	品	書	画	ム	み	リ	画	火	食	ジ	ラ	真
石	英	味	り	物	真	釣	び	レ	山	グ	興	物	編
結	晶	魔	ラ	み	活	撮	写	釣	動	画	グ	味	溶
モ	ル	テ	ン	釣	物	撮	プ	レ	ゼ	喜	影	釣	岩

カルシウム   間欠泉
洞窟   溶岩
大陸   ミネラル
コーラル   高原
結晶   石英
侵食   鍾乳石
モルテン   火山
化石   ゾーン

58 - Cirque

芸ルライ虎パ釣画味ゼ猟み魔法
活プイーリレ壮コスチュームャ
絵レオズ魔ー猿観ラ書書園物書
魔シンキテドみ魔な撮猟ララ影
シャー編ン猟読写物パジラハ園
園シグ興ト魔法イレシクキジ写
影ル撮ハリゼ活読チケットャ物
エ園エズッジシ風船ゲエャグ品
象ーみアクロバット動ククラシ
ル画ゲム釣動ム真び物品観ーム
レ絵写興真みリ動喜活ダみ客魔
活芸グ編キ魔味撮び法読真画絵
魔編び絵音園法グ絵ピエロ絵興
レ興喜ジ楽リエダ法芸画ープ喜

アクロバット	ライオン
動物	魔法
トリック	音楽
風船	パレード
チケット	壮観な
ピエロ	観客
コスチューム	テント
ジャグラー	

59 - Jardin

ブ	シ	ラ	テ	ラ	ス	花	雑	み	法	興	園	レ	ジ
ッ	イ	シ	釣	ゲ	ン	ダ	草	ー	ャ	ン	写	エ	陶
シ	庭	ャ	ガ	リ	狩	ク	イ	ホ	ラ	味	真	び	絵
ュ	画	ベ	レ	絵	芸	ジ	ポ	ー	チ	ベ	ン	チ	木
書	猟	ル	ー	キ	フ	ェ	ン	ス	ハ	ン	モ	ッ	ク
エ	編	イ	ジ	猟	芝	オ	ー	チ	ャ	ー	ド	シ	グ
シ	芸	ク	ジ	エ	生	画	プ	グ	ル	喜	法	編	ゲ
ャ	グ	池	み	ジ	芸	影	物	リ	リ	影	プ	写	エ
撮	釣	書	レ	釣	写	読	絵	ダ	び	狩	ム	ゲ	キ
画	ハ	パ	読	編	ャ	ジ	園	喜	魔	書	釣	写	絵
ー	ゲ	ハ	ル	読	ゼ	ラ	ズ	ム	釣	編	リ	法	法
ル	猟	プ	グ	パ	写	読	編	熊	プ	ル	ジ	法	レ
ム	興	り	画	ゼ	土	活	ダ	ー	手	書	ハ	物	猟
ゲ	プ	パ	キ	ト	ラ	ン	ポ	リ	ン	み	ム	レ	狩

ベンチ	芝生
ブッシュ	ポーチ
フェンス	熊手
ガレージ	テラス
ハンモック	トランポリン
雑草	ホース
シャベル	オーチャード

60 - Barbecues

み	猟	動	撮	猟	ゲ	魔	玉	シ	ム	ナ	イ	フ	書
編	チ	キ	ン	ソ	ー	ス	ね	エ	ラ	野	菜	ル	音
味	写	イ	絵	ラ	ム	ム	ぎ	喜	ン	ハ	真	ー	楽
ズ	狩	ゲ	グ	陶	芸	コ	真	書	チ	り	ャ	ッ	物
ズ	ー	エ	ク	影	芸	シ	編	み	グ	ャ	ャ	真	書
魔	ズ	ハ	タ	芸	ズ	ョ	ク	撮	ゲ	夏	パ	ク	ラ
ン	芸	影	食	ジ	り	ウ	書	ー	キ	パ	ク	ゲ	エ
子	供	達	編	猟	読	喜	ズ	グ	陶	絵	喜	真	ハ
法	り	影	物	ャ	ー	ー	グ	サ	動	ム	ダ	ル	魔
塩	ハ	書	グ	シ	ム	飢	撮	ラ	活	読	ラ	り	絵
家	ホ	ッ	ト	リ	ル	画	餓	ダ	ラ	品	読	キ	写
ゲ	族	エ	マ	ム	ル	撮	プ	ゲ	み	ー	釣	真	味
写	り	び	ト	り	レ	グ	ハ	リ	動	喜	書	影	パ
猟	ー	魔	書	読	プ	芸	狩	ダ	ー	キ	動	味	読

ホット	ゲーム
ナイフ	野菜
ランチ	音楽
夕食	玉ねぎ
子供達	コショウ
飢餓	チキン
家族	サラダ
フルーツ	ソース
グリル	トマト

61 - Anniversaire

編芸狩ャ法ライズ釣ル読ラ興ン
プ芸ラル み撮ン活ハケカび狩園
イレ真画招待状ラッ贈ー狩動み
真狩ム釣真ダシリピり ドキ園ム
動ダ生活カレンダー物スルパ撮
り物まル釣喜ラ編ー活ペ写シ園
写エれー狩ズイ影絵影シ楽しい
読シ法りパ真法喜シ園ャ時み撮
学ク園園物撮撮影リ活ル間釣活
ゼぶルシ品活友達お祝い日レム
若レたンエゼイゲキャンドルダ
いククめシル物影ー画魔真びク
ルプ画ゼに真撮ジシ絵狩ジみ魔
品ル喜猟レゼ歌クキー影知恵年

友達	ケーキ
楽しい	ハッピー
学ぶために	招待状
キャンドル	若い
贈り物	生まれ
カレンダー	知恵
カード	スペシャル
お祝い	時間

62 - Animaux de Compagnie

グ	ラ	興	ハ	活	イ	活	写	ジ	興	ャ	陶	芸	園
ジ	ル	動	り	味	読	り	品	エ	ク	撮	ゼ	ル	活
園	園	興	絵	ゲ	ム	ダ	猟	ク	ム	釣	び	爪	動
法	品	ク	書	レ	ズ	レ	品	写	キ	ー	ゲ	ク	喜
キ	喜	編	ト	カ	ゲ	法	動	尾	子	犬	物	ゼ	ー
シ	活	イ	パ	メ	び	エ	芸	書	猫	画	活	写	ズ
絵	ゼ	ヤ	品	キ	エ	芸	釣	パ	絵	ゲ	陶	ー
ー	物	芸	絵	狩	写	グ	シ	キ	り	ラ	ラ	味	影
水	キ	ハ	キ	び	ム	ゲ	魔	陶	陶	キ	魚	レ	ハ
興	興	牛	ル	釣	エ	画	書	う	さ	ぎ	オ	ウ	ム
読	ャ	興	グ	動	興	猫	猟	ゼ	撮	襟	猟	び	ス
足	ム	キ	シ	物	ハ	ン	ル	喜	ズ	ク	獣	食	タ
び	真	ダ	イ	ン	ャ	ク	ダ	園	ラ	犬	医	べ	ー
読	魔	動	ャ	狩	り	び	園	ね	ず	み	物	物	ー

子猫   食べ物
ヤギ   オウム
子犬   ねずみ
ハムスター カメ
うさぎ   獣医
トカゲ

63 - Forêt Tropicale

ャ	絵	影	レ	ク	み	興	釣	ゲ	動	物	ク	イ	り
喜	み	影	ゼ	興	喜	キ	動	品	芸	陶	編	イ	影
品	魔	動	画	み	ン	画	ル	読	雲	気	候	物	み
尊	敬	保	存	写	影	レ	種	物	魔	グ	ジャ	ャ	ー
芸	狩	コ	陶	復	シ	興	ム	編	キ	猟	ジ	狩	狩
プ	写	ミ	ン	画	元	ゼ	ル	イ	ー	魔	リ	絵	品
猟	喜	ュ	動	猟	植	物	猟	ジ	物	読	編	猟	ャ
ジ	影	二	味	び	ダ	エ	物	ャ	鳥	魔	ハ	釣	陶
両	ン	テ	先	レ	キ	味	読	ン	法	ハ	品	真	真
シ	生	ィ	喜	住	ラ	貴	影	グ	写	ー	キ	レ	書
写	存	類	書	ゼ	民	重	避	ル	自	然	動	プ	ー
エ	品	絵	苔	シ	喜	族	難	ゼ	編	園	ャ	ム	品
多	様	性	ゼ	ク	レ	リ	味	ー	真	ム	ム	ク	虫
み	動	編	ズ	哺	乳	類	味	キ	味	物	ダ	プ	み

両生類   自然
植物   貴重
気候   保存
コミュニティ   避難
多様性   尊敬
先住民族   復元
ジャングル   生存
哺乳類

64 - Insectes

ス	陶	み	ル	シ	ワ	プ	ル	て	物	ラ	編	ゲ	グ
ズ	ダ	陶	キ	び	ー	陶	喜	ん	法	シ	蟻	物	ム
メ	編	写	ー	書	ム	ゼ	書	と	狩	バ	ト	ン	ボ
バ	ゼ	ン	書	品	魔	蚊	エ	う	園	陶	ッ	魔	エ
チ	イ	ナ	ゴ	真	ル	写	幼	虫	ラ	喜	グ	タ	シ
真	動	び	ラ	読	パ	シ	陶	イ	書	魔	パ	蜂	み
ゲ	陶	ク	プ	ク	狩	イ	ジ	ク	画	画	編	ジ
書	園	蝶	ズ	イ	真	狩	ン	エ	ラ	味	ン	ジ	グ
絵	ャ	品	甲	釣	影	り	カ	ャ	ル	読	ジ	ゼ
シ	ロ	ア	リ	虫	蝉	マ	ズ	エ	陶	ャ	陶	グ
ム	シ	ブ	ノ	ゲ	撮	物	キ	興	ゴ	キ	ブ	リ	読
ハ	狩	ラ	ミ	芸	品	読	リ	ジ	ル	エ	撮	活	ハ
画	リ	ム	ハ	狩	撮	ー	興	グ	イ	園	ジ	リ	動
読	ラ	シ	シ	撮	動	ム	ゲ	魔	喜	ル	書	法	真

ゴキブリ	ノミ
てんとう虫	アブラムシ
イナゴ	バッタ
スズメバチ	甲虫
幼虫	シロアリ
トンボ	ワーム
カマキリ	

65 - Ferme #1

ゲ	魔	物	フ	キ	影	イ	り	編	味	猟	プ	ム	イ	
レ	び	動	真	ェ	レ	リ	物	ロ	バ	イ	ソ	ン	ー	
狩	芸	法	チ	キ	ン	釣	プ	釣	魔	び	レ	び	ハ	
狩	ク	ー	写	プ	ム	ス	キ	リ	品	物	ズ	画	ャ	
読	蜂	蜜	編	パ	ジ	キ	シ	ク	興	び	書	ル	興	
猫	書	影	法	陶	画	写	ふ	リ	米	絵	真	農	業	
リ	牛	狩	グ	プ	書	ム	く	み	活	園	犬	喜	ジ	
興	レ	ハ	レ	猟	活	影	ら	ー	パ	書	馬	魔	ャ	
猟	シ	群	ダ	レ	ハ	び	は	編	水	ズ	リ	動	ー	
ク	ン	れ	レ	カ	ラ	ス	ぎ	味	陶	読	狩	興	狩	
陶	グ	ゼ	ー	園	ャ	画	ヘ	絵	リ	レ	パ	パ	り	
園	喜	ル	写	影	陶	ダ	イ	ル	リ	画	ヤ	猟	シ	
肥	料	イ	興	ル	味	法	猟	ハ	イ	エ	ギ	ラ	ダ	
フ	ィ	ー	ル	ド	シ	読	ダ	ゲ	プ	ズ	リ	ー	ダ	

農業 肥料
ロバ ヘイ
バイソン 蜂蜜
フィールド チキン
ヤギ 群れ
フェンス ふくらはぎ
カラス

66 - Escalade

```
ヘ ン レ 品 イ 魔 動 キ 釣 写 ゼ み エ イ
ル ム 絵 イ 陶 地 ジ 園 雰 書 び ゃ び 釣
メ 影 画 ャ 魔 形 ム ゲ 囲 ハ イ キ ン グ
ッ ズ ダ 狩 ク ム び 気 興 活 物 レ シ エ
ト 魔 真 ジ 真 ハ 高 び 写 ル 活 撮 活 ハ
ゲ 動 影 書 手 袋 度 法 リ ラ 狩 専 リ 安
陶 ゲ 影 ク ハ 猟 ト ジ 好 奇 心 門 狭 定
怪 法 レ パ ー レ 猟 レ ブ 洞 課 家 い 性
ゃ 我 画 キ り グ 書 興 ー 窟 題 ゲ ン シ
ダ シ 陶 ラ 狩 書 ズ ン ツ ニ ジ 芸 り エ
強 レ 釣 ク イ イ グ 釣 地 図 ン ム 芸 キ
パ さ 真 レ 画 シ ジ 法 写 編 猟 グ ャ り
ガ イ ド プ 編 ズ 狩 活 写 び 味 ダ 品 園
ダ 興 ハ ャ ル ズ 法 ダ ク リ 動 イ ハ
```

高度	狭い
雰囲気	強さ
怪我	トレーニング
ブーツ	手袋
地図	洞窟
ヘルメット	ガイド
好奇心	ハイキング
課題	安定性
専門家	地形

67 - École #2

```
ゲ ー ム 数 学 習 び 釣 ン み 真 宿 キ ャ
鉛 パ パ 園 ー 靴 猟 カ 真 画 物 題 芸 ャ
筆 文 撮 興 魔 喜 ム レ 釣 園 ゼ キ 猟 イ
味 法 リ 活 科 喜 コ ン ピ ュ ー タ 物 グ
物 釣 ラ 文 学 パ ズ ダ パ ゲ 品 ム ラ ハ
活 動 ル 釣 辞 撮 園 ー 図 書 館 ゼ ハ ラ
興 猟 ゼ 真 書 物 画 ジ 絵 ゲ 読 園 物 書
興 プ 釣 ダ シ 教 書 法 り ジ ゼ ー ゼ ク
活 ジ 陶 影 物 活 育 書 ハ 魔 影 プ 釣 シ
釣 エ シ 絵 ル 猟 物 籍 読 書 パ プ 物 影
活 編 陶 ン 撮 は さ み 法 読 猟 絵 真 レ
絵 ゼ 編 先 物 ー 園 工 釣 写 活 活 ゼ ク
真 紙 ハ 法 生 真 編 喜 ル 猟 ズ 陶 シ
イ バ ス リ 法 ク 読 法 魔 味 画 編 シ 芸
```

学習　　　　　　　　教育
図書館　　　　　　　文法
バス　　　　　　　　ゲーム
カレンダー　　　　　読書
はさみ　　　　　　　文学
鉛筆　　　　　　　　書籍
宿題　　　　　　　　数学
辞書　　　　　　　　コンピュータ
先生　　　　　　　　科学

68 - Antarctique

活	味	研	ー	撮	真	ハ	ゲ	狩	芸	ラ	パ	保	活
興	陶	究	魔	喜	遠	ロ	環	境	ベ	イ	ン	全	法
レ	イ	者	科	学	的	征	ッ	動	大	ー	ゲ	動	水
プ	ゼ	ゲ	イ	ャ	リ	地	形	キ	陸	動	絵	ー	ャ
ャ	芸	ャ	ゼ	物	り	イ	地	理	ー	ク	活	ゼ	ゲ
ク	動	活	エ	ラ	キ	ゼ	読	び	ム	絵	品	ゲ	法
撮	ン	読	ム	ダ	書	芸	画	イ	ャ	興	写	ン	ャ
釣	ゼ	ャ	ー	ー	写	陶	ラ	り	グ	プ	読	キ	影
編	写	ハ	ク	影	ム	パ	ダ	み	ジ	び	ャ	芸	り
魔	氷	ラ	鳥	写	グ	ラ	書	魔	パ	り	ー	ル	魔
編	び	喜	法	ミ	シ	ゲ	ル	温	度	半	島	園	エ
写	絵	編	ラ	ネ	撮	グ	キ	猟	猟	み	グ	み	ズ
ー	ム	ク	ジ	ラ	氷	河	移	行	み	ル	ラ	芸	芸
写	イ	ャ	ン	ル	陶	ズ	動	狩	読	ム	興	品	影

ベイ	氷河
クジラ	移行
研究者	ミネラル
保全	半島
大陸	ロッキー
環境	科学的
遠征	温度
地理	地形

猟	先	言	イ	リ	医	物	物	イ	動	真	喜	エ	絵
パ	生	語	発	ラ	師	読	レ	影	ダ	ズ	読	ク	ル
イ	物	学	明	エ	ス	び	狩	ク	ー	ン	ハ	探	偵
ロ	学	者	者	ン	書	ト	ク	プ	ラ	法	シ	シ	猟
ッ	者	り	パ	ジ	魔	釣	レ	び	み	り	書	ム	釣
ト	キ	ン	研	ニ	読	ジ	ャ	ー	ナ	リ	ス	ト	動
み	釣	法	究	ア	編	編	動	陶	タ	ン	リ	釣	物
陶	ズ	芸	者	絵	狩	リ	喜	陶	リ	ー	イ	イ	学
釣	庭	師	ラ	ジ	物	ン	イ	レ	読	ン	写	り	者
ゼ	編	園	画	猟	狩	陶	司	哲	ダ	ン	園	ム	み
味	写	宇	宙	飛	行	士	書	イ	学	絵	読	ズ	ク
物	陶	真	画	プ	絵	興	グ	ー	キ	者	ラ	外	狩
ジ	物	品	家	ズ	レ	ズ	ル	魔	釣	撮	猟	科	ム
活	真	ー	キ	書	ハ	ン	陶	イ	み	真	歯	医	者

宇宙飛行士	発明者
司書	庭師
生物学者	ジャーナリスト
研究者	言語学者
外科医	医師
歯医者	画家
探偵	哲学者
先生	写真家
イラストレーター	パイロット
エンジニア	動物学者

70 - Les Abeilles

花 み 味 ズ 画 書 ゲ ワ ッ ク ス 生 息 地
粉 粉 み 活 キ 品 グ レ ン 品 書 昆 虫 ジ
エ 絵 媒 味 釣 女 品 レ ズ プ プ 味 パ ラ
魔 ャ 書 介 物 パ 王 画 真 動 レ 撮 絵 ハ
キ エ ラ み 者 釣 り 蜂 ジ 陶 ム 品 庭 ゲ
猟 太 生 態 系 レ 陶 花 蜜 食 べ 物 キ ラ
法 陽 真 物 ハ 味 ジ ハ ぜ り 煙 画 撮 ハ
猟 ル 動 イ 活 ン シ 活 法 り ズ パ 読 画
レ イ 撮 多 狩 ゼ 写 魔 喜 ハ ズ エ グ 書
狩 植 喜 様 ラ グ 翼 レ み フ 品 画 味 芸
読 物 狩 性 興 書 キ り ー ル 読 撮 味 び
活 ク シ 巣 箱 ズ 写 キ 喜 ー 画 興 群 品
グ 撮 品 有 益 喜 シ 写 キ ッ グ り れ 画
ゼ ン グ ズ 活 味 喜 レ 興 キ ラ イ 撮 ン

有益	蜂蜜
ワックス	食べ物
多様性	植物
群れ	花粉
生態系	花粉媒介者
フルーツ	女王
生息地	巣箱
昆虫	太陽

71 - Dinosaures

釣	レ	キ	り	活	強	キ	レ	草	イ	ハ	味	び	み
ャ	リ	影	イ	ダ	力	釣	シ	食	狩	芸	パ	芸	動
爬	猟	ャ	法	芸	な	び	ャ	動	り	ラ	園	園	プ
活	虫	び	品	真	陶	グ	園	物	物	サ	喜	喜	狩
動	品	類	ズ	イ	ラ	真	大	き	い	イ	ン	ン	ラ
狩	イ	活	パ	リ	イ	狩	魔	ゲ	ダ	ズ	ズ	芸	画
肉	食	動	物	び	撮	魔	動	物	プ	品	喜	釣	り
グ	動	動	狩	地	り	園	プ	物	マ	ル	り	イ	絵
ジ	喜	園	喜	球	写	び	撮	シ	ン	絵	リ	釣	ー
園	プ	先	史	時	代	喜	リ	エ	モ	ゼ	書	エ	エ
進	化	ラ	陶	影	び	化	石	書	ス	失	ク	芸	シ
巨	大	な	プ	獲	雑	食	ダ	尾	翼	踪	法	ゼ	ル
釣	芸	芸	ズ	タ	物	法	喜	ハ	園	動	動	魔	ゲ
撮	画	ャ	品	レ	ー	エ	ハ	読	種	園	グ	興	興

肉食動物	雑食
失踪	先史時代
巨大な	獲物
進化	強力な
化石	ラプター
大きい	爬虫類
草食動物	サイズ
マンモス	地球

72 - Conduite

オル事モーター車味猟スト地画交
編一故トラック危警察ト図パ通
釣レトガレージ険読イリ速度書
リみンバ真法安全性ラー書ラび
プエネ味イクジジシ影ト画陶ゼ
興レルム猟影魔ゲグ真シ動ハ物
品物りびシ陶ラ品撮ジ園読ゼム
編ズャりキジ猟イ書ラー物ャライ
活魔法ダレ道ン喜セリ影キゲイ
みみラガグ読品興興ンハプ猟エ
狩エ狩スラ絵グシ真撮スり陶物
プ園び喜品狩撮び影読編燃キ味
絵キ芸ャジみ読芸猟影ハ絵料ズ
グ味歩行者ブレーキびレ絵グイ

事故	モーター
トラック	オートバイ
燃料	歩行者
地図	警察
危険	ストリート
ブレーキ	安全性
ガレージ	交通
ガス	トンネル
ライセンス	速度

73 - Plantes

グハ真写ダ庭喜ダ読ラダり書ン
影ゲプ芸撮写法ン花弁芸編エグ
物ダ絵ズ芸レり影ラン園影肥パ
イ喜びイ芸園ャプ撮真写ー料動
シラ釣猟プ読み狩絵レみ動喜魔
活陶芸絵ラーー書パ絵ゼ芸ン
植芸び味ク編プムー味味ク味ダ
物竹ハ撮ダグ根ハム撮ャクジキ
学木影豆ゼ写読キ草狩喜プ真猟
釣ズンレ編葉サボテンフ絵グ絵
法法写狩蔦育っ陶ラレロ画レ釣
法イ動エダ狩ダ編ベリーイ猟り
キブッシュ写ル影影プラ植生読
陶画読画苔興イ森ゲラムゲル撮

ベリー　　　　　　　フローラ
植物学　　　　　　　育っ
ブッシュ　　　　　　花弁
サボテン　　　　　　植生
肥料

74 - Ferme #2

```
ハ ズ 羊 りゃ イ ン ゲ 真 絵 レ プ 農 家
エ 芸 飼 絵 品 ゃ 撮 ゼ ジ ム 活 画 り ル
陶 ゼ い 灌 ト オ ー チャ ー ド ゲ 動 ラ ム
ル パ ダ 漑 画 ラ 影 パ 猟 喜 プ 法 喜 画 影
ハ グ 納 芸 味 マ ク 法 物 興 ク ャ ン 画
法 パ 屋 編 写 物 狩 タ コ リ イ 喜 釣 影
喜 撮 動 読 興 ハ フ ル ー ツ ズ 撮 釣 法
ー び 物 ゼ 魔 イ 陶 ム ン 興 イ パ ャ 読
影 子 ア 芸 レ ル グ プ 読 ム エ ダ 活 ン
牧 羊 ヒ 法 猟 ハ ジ 芸 エ 魔 ダ 喜 猟 ー
パ 草 ル ミ ル ク 小 麦 野 菜 パ 書 食 り
イ ャ 地 猟 蜂 ゼ ラ 品 ル 動 ジ ゲ べ 魔
芸 撮 ズ リ の 猟 オ オ ム ギ 陶 び 物 書
ゼ ク 撮 影 巣 ー グ ダ ズ プ ゲ び 撮 キ
```

子羊
農家
動物
羊飼い
小麦
アヒル
フルーツ
納屋
灌漑
ミルク

ラマ
野菜
コーン
食べ物
オオムギ
牧草地
蜂の巣
トラクター
オーチャード

75 - École #1

グ	ア	猟	書	教	陶	ジ	法	喜	法	園	イ	数	友
エ	試	ル	り	室	ジ	リ	ゲ	ハ	び	絵	み	学	達
エ	験	喜	フ	絵	ジ	ム	芸	エ	味	活	ゲ	ラ	狩
プ	ー	品	ン	ァ	味	真	り	猟	園	絵	動	ハ	数
鉛	筆	ハ	レ	ゲ	ベ	物	グ	喜	撮	シ	シ	び	字
ズ	ハ	レ	ル	物	学	ッ	マ	ー	カ	ー	答	ク	イ
陶	フ	ォ	ル	ダ	ー	ぶ	ト	椅	子	喜	え	ー	狩
ゼ	ャ	紙	ク	イ	パ	び	た	絵	編	品	エ	味	先
影	グ	品	楽	影	パ	魔	グ	め	ダ	ク	レ	真	生
品	ゲ	味	喜	し	編	法	エ	ゲ	に	イ	キ	シ	読
画	机	ク	イ	編	い	図	書	館	ム	ズ	陶	イ	ゼ
ャ	真	キ	魔	ー	法	ゲ	籍	画	び	陶	び	読	物
影	写	喜	撮	猟	魔	ゲ	エ	味	品	芸	ラ	ジ	ャ
り	影	シ	猟	興	パ	ラ	ン	チ	シ	味	活	芸	画

アルファベット	先生
友達	試験
楽しい	書籍
学ぶために	マーカー
図書館	数学
椅子	数字
鉛筆	クイズ
ランチ	答え
フォルダー	教室

撮	画	び	影	編	ル	キ	品	ン	地	図	ゲ	列	行
タ	ク	シ	ー	ズ	ク	び	興	書	画	編	シ	車	き
キ	ャ	ン	プ	興	プ	グ	ャ	ハ	ゲ	園	キ	味	先
真	品	ジ	影	影	動	ズ	ラ	狩	陶	シ	予	喜	画
味	園	釣	ビ	ン	キ	写	猟	シ	活	リ	約	り	イ
パ	パ	ー	ザ	画	釣	味	園	レ	猟	ム	ゲ	活	味
物	ン	ラ	ク	編	猟	み	釣	ジ	狩	び	ジ	読	喜
ゲ	グ	画	ジ	釣	真	釣	り	ャ	ム	リ	休	品	編
ホ	テ	ル	交	通	釣	芸	法	ー	島	空	港	日	ズ
ゲ	ゲ	品	ム	喜	パ	編	ク	影	味	写	み	テ	園
活	ク	動	ダ	猟	ス	読	ク	シ	写	ル	ン	ン	レ
真	品	ダ	エ	ビ	ポ	撮	狩	外	グ	ゲ	書	ト	狩
レ	ス	ト	ラ	ン	ー	陶	味	国	イ	編	活	喜	り
リ	プ	物	海	旅	ト	チ	品	人	読	り	ハ	書	ゼ

空港
キャンプ
地図
行き先
外国人
ホテル
レジャー
パスポート
ビーチ

レストラン
予約
タクシー
テント
列車
交通
休日
ビザ

77 - Outils

ス	レ	シ	び	ラ	び	み	ル	ャ	レ	ダ	ハ	は	喜
テ	テ	ル	ャ	味	撮	プ	斧	芸	物	イ	ン	し	パ
ー	レ	ー	魔	ベ	ズ	プ	編	法	ゲ	ダ	マ	ご	画
プ	編	ラ	プ	品	ル	プ	釣	喜	編	ン	ー	園	ャ
ル	魔	ー	真	ラ	釣	エ	味	ン	活	編	ル	画	り
ー	動	書	狩	狩	ー	物	真	ジ	エ	か	ャ	エ	法
レ	ホ	ズ	ケ	ー	ル	猟	真	ゼ	ね	み	ク	絵	撮
ン	イ	ラ	ナ	ー	マ	レ	ッ	ト	じ	そ	は	さ	み
写	ー	物	イ	イ	ブ	陶	影	ー	ン	り	活	影	魔
リ	ル	フ	興	り	ル	画	チ	ズ	シ	び	興	ル	品
ゼ	猟	ャ	画	ゲ	芸	シ	ペ	ン	チ	み	物	ル	写
魔	ジ	ラ	ク	真	ル	芸	ジ	ズ	ン	キ	ハ	活	絵
味	ズ	レ	喜	プ	影	芸	エ	み	ン	味	法	読	ン
ク	編	ロ	ー	プ	み	狩	読	リ	の	り	り	影	み

ステープル
ステープラー
ケーブル
はさみ
のり
ロープ
ナイフ
はしご
マレット

ハンマー
シャベル
ペンチ
かみそり
ルーラー
ホイール
トーチ
ねじ

78 - Temps

ズ	園	パ	ゼ	喜	読	シ	喜	釣	法	品	画	魔	魔
動	編	ー	物	リ	エ	ャ	書	未	陶	ゲ	物	味	ム
絵	園	絵	活	動	編	狩	芸	来	画	ク	絵	ク	ゼ
エ	ダ	プ	魔	ゼ	月	リ	夜	猟	興	び	品	真	ン
日	び	グ	動	ラ	グ	味	イ	釣	み	レ	ハ	魔	法
芸	芸	品	猟	ー	み	画	ジ	ラ	活	世	時	間	ル
喜	味	ー	法	キ	読	ル	品	リ	書	紀	シ	釣	イ
ダ	狩	猟	シ	画	猟	ジ	び	味	ク	パ	影	グ	分
活	猟	今	昨	日	法	キ	味	グ	エ	芸	撮	エ
影	シ	法	写	ダ	写	真	リ	読	喜	シ	カ	書	ャ
狩	書	通	時	計	味	週	イ	ャ	り	編	レ	味	後
読	十	年	喜	読	イ	み	ル	イ	ム	動	ン	グ	ャ
朝	画	り	興	猟	び	読	す	レ	び	昼	ダ	グ	書
ル	興	影	物	レ	魔	レ	園	ぐ	パ	前	ー	プ	ズ

通年　　　　　時間
すぐ　　　　　昨日
カレンダー　　時計
十年　　　　　世紀
未来

79 - Maison

書	陶	ル	ク	味	撮	イ	喜	写	み	園	編	鏡	物
パ	ズ	ラ	ゼ	ズ	び	動	絵	動	イ	ラ	ン	品	イ
暖	炉	ン	ー	ゼ	ダ	魔	撮	ガ	レ	ー	ジ	庭	書
ム	絵	猟	パ	エ	動	興	ラ	ジ	パ	ム	画	び	窓
レ	ャ	ク	魔	ン	魔	釣	猟	ル	真	書	読	ゲ	ゲ
ー	猟	真	ゲ	影	影	法	猟	品	シ	ャ	ワ	ー	味
ド	芸	画	影	物	写	狩	部	ジ	ジ	ハ	ハ	パ	活
ア	園	ム	陶	ほ	う	き	屋	カ	活	猟	キ	猟	味
ラ	み	ラ	ル	写	陶	味	根	ル	ー	味	ッ	キ	ジ
書	壁	芸	プ	読	猟	猟	イ	ズ	真	テ	チ	ー	撮
イ	プ	図	ゲ	興	リ	味	ゲ	ン	ム	ラ	ン	プ	ラ
品	影	ゲ	書	フ	ェ	ン	ス	エ	ク	シ	ラ	品	グ
パ	ャ	イ	ダ	館	物	プ	ゼ	興	シ	真	陶	天	井
書	読	真	芸	真	真	屋	根	裏	ャ	パ	シ	猟	リ

ほうき	ガレージ
図書館	屋根裏
部屋	ランプ
暖炉	天井
キー	ドア
フェンス	カーテン
キッチン	ラグ
シャワー	屋根

80 - Légumes

玉	葱	ン	影	グ	だ	キ	物	リ	エ	び	ゼ	法	ル
エ	ジ	ニ	プ	み	い	ラ	ゥ	ゲ	猟	ル	陶	エ	セ
ン	シ	パ	ン	動	こ	ハ	興	ウ	オ	リ	ー	ブ	ロ
ド	ョ	ャ	パ	ニ	ん	茄	子	か	リ	プ	ル	イ	リ
ウ	ウ	キ	ロ	ル	ク	リ	猟	ぼ	ム	ラ	書	法	ダ
リ	ガ	ノ	み	ッ	ラ	動	真	ち	パ	魔	パ	セ	リ
ャ	シ	コ	味	ハ	ト	釣	エ	ゃ	ク	狩	に	び	真
キ	ハ	法	画	釣	マ	イ	猟	ほ	う	れ	ん	草	キ
影	リ	キ	品	編	ト	絵	品	書	真	ハ	じ	書	書
ア	ー	ティ	チ	ョ	ー	ク	プ	狩	活	ん	ハ	ゲ	み
シ	ー	真	ジ	シ	読	味	法	法	書	編	ゼ	サ	み
法	プ	味	ク	ク	カ	ブ	ロ	ッ	コ	リ	ー	ラ	読
レ	読	真	パ	品	ム	猟	レ	編	書	ジ	ジ	ダ	園
グ	園	動	ン	撮	猟	編	キ	み	み	読	撮	絵	書

ニンニク	ほうれん草
アーティチョーク	ショウガ
茄子	カブ
ブロッコリー	玉葱
にんじん	オリーブ
セロリ	パセリ
キノコ	エンドウ
かぼちゃ	だいこん
キュウリ	サラダ
エシャロット	トマト

```
書 活 園 園 活 み ク 動 画 レ 活 休 ゼ ー
び 園 猟 影 園 写 キ キ キ ハ サ 暇 写 撮
ン 味 り キ 影 ー ル 興 タ 猟 ン リ 撮 ハ
動 猟 キ 狩 ム 味 喜 レ パ オ ダ プ 品 ン
ズ 狩 編 魔 猟 芸 海 ズ ジ 絵 ル 海 岸 魔
書 キ 画 ゼ リ シ 洋 芸 ラ グ ー ン 編 読
ル 魔 キ 真 リ 法 ジ 太 陽 写 み 魔 プ 書
ク り 品 品 傘 ヨ ゲ び グ 活 ゲ ャ 芸 真
ハ み ゼ 影 ム ッ レ み 島 狩 ド り シ ー
興 喜 写 ジ ク ト ズ 狩 ゲ ゼ 物 ッ 写 ラ
撮 興 喜 ジ イ 書 味 レ 喜 猟 砂 ー ク ー
園 絵 リ ボ ズ ー ク ゃ 画 カ 魔 撮 ク 真
イ ジ ダ ー シ ェ ル 釣 エ ニ ル 影 エ エ
画 ジ 青 ト フ グ り レ ク 陶 み 喜 絵 み
```

ボート	リーフ
シェル	サンダル
海岸	タオル
カニ	太陽
ドック	休暇
ラグーン	ヨット
海洋	

82 - Famille

動	喜	み	ャ	イ	リ	味	お	狩	レ	エ	り	エ	キ
母	母	魔	プ	ゲ	書	リ	ば	ム	ー	り	リ	猟	法
兄	性	興	姉	リ	撮	夫	あ	読	興	ャ	ー	画	び
ク	弟	品	妹	編	ダ	陶	ち	ラ	イ	ャ	ン	喜	ク
書	影	猟	プ	エ	書	プ	ゃ	い	と	こ	物	芸	書
編	ン	ゲ	読	レ	興	エ	ん	子	供	達	魔	ラ	編
パ	魔	ム	ン	狩	ジ	ン	影	供	ク	リ	甥	グ	品
芸	味	真	写	興	法	真	レ	の	娘	ク	影	編	読
猟	ン	品	ゲ	物	父	興	シ	頃	猟	陶	釣	陶	り
イ	園	妻	画	レ	び	ー	レ	シ	絵	ゲ	ラ	パ	エ
ル	活	み	姪	祖	読	園	物	キ	ン	興	魔	ー	ハ
叔	母	子	喜	先	ダ	味	画	び	ャ	ル	園	狩	り
ン	父	供	ク	芸	喜	祖	父	方	の	魔	品	り	シ
陶	芸	ム	陶	画	猟	写	物	影	真	ャ	品	ラ	撮

祖先　　　　　　　　祖父
いとこ　　　　　　　母性
子供の頃　　　　　　叔父
子供　　　　　　　　父方の
子供達　　　　　　　姉妹
兄弟　　　　　　　　叔母
おばあちゃん

83 - Oiseaux

物猟ーパ影ルス真釣ジ陶猟狩品
園撮ージ絵書狩ズン書ジグ味ン
パ陶孔雀ガチョウメ画狩プ釣パ
読ル読キ活ル編編鳩ル編釣書ク
猟カモメペズ釣園園シハプ撮絵
ズンラーン画キレチダチョウジ
エ鷲コスギ活エ魔キゲ味ル釣ジ
喜オウムン園書ダンハーム編魔
クオノフラミンゴズりャル読真
陶ハトダキク画白品興ラ釣サー
グシリペリカン鳥真ム陶ムギイ
アプ喜猟活ッ品編釣編撮びキ卵
ンヒ撮りプコ芸り読エりびゲ書
ジ読ルクラウキャ魔芸興魔狩品

ダチョウ	スズメ
アヒル	カモメ
コウノトリ	ガチョウ
カラス	孔雀
カッコウ	オウム
白鳥	ペリカン
フラミンゴ	チキン
サギ	オオハシ
ペンギン	

84 - Disciplines Scientifiques

社	キ	気	熱	撮	免	ゲ	エ	物	エ	ラ	植	物	学
パ	会	象	グ	カ	疫	猟	ル	解	物	法	り	グ	ル
言	語	学	生	物	学	釣	ル	剖	ゲ	猟	書	キ	ン
書	ル	キ	理	地	り	心	理	学	画	工	芸	法	キ
狩	味	グ	考	質	天	文	学	法	喜	ク	猟	ラ	プ
ム	編	ジ	古	学	み	法	ャ	ハ	シ	真	グ	書	活
ジ	動	物	学	味	ゼ	絵	イ	ゲ	味	読	釣	絵	プ
び	パ	プ	陶	動	ジ	り	ハ	ム	力	学	ー	物	
生	態	学	み	興	ム	シ	ゼ	読	猟	猟	読	撮	動
化	パ	ゼ	釣	ゼ	園	絵	ク	ャ	ズ	写	イ	び	写
学	編	リ	神	園	魔	法	ク	編	法	釣	ラ	猟	工
キ	ャ	編	ゼ	経	び	ダ	ダ	ャ	び	り	芸	撮	魔
写	法	イ	り	味	学	物	キ	化	学	パ	び	ゲ	ズ
び	リ	ダ	園	物	キ	化	学	パ	び	鉱	物	学	ゲ

解剖学	言語学
考古学	力学
天文学	気象学
生化学	鉱物学
生物学	神経学
植物学	生理
化学	心理学
生態学	社会学
地質学	熱力学
免疫学	動物学

85 - Émotions

撮	品	ク	真	レ	写	イ	ラ	陶	猟	パ	ャ	撮	コ
パ	び	園	読	写	喜	び	悲	し	み	み	レ	品	ン
ル	ゼ	ン	写	狩	ャ	ム	シ	イ	園	活	静	グ	テ
喜	シ	狩	法	エ	書	影	画	平	同	情	け	ハ	ン
品	恐	怖	エ	プ	び	魔	猟	和	興	陶	さ	ン	ツ
ゼ	親	活	み	イ	ル	ダ	感	ル	動	真	法	キ	真
真	切	ャ	パ	び	ク	ジ	園	謝	撮	真	び	喜	読
喜	絵	怒	パ	ゼ	読	恥	ず	か	し	い	愛	び	ジ
味	撮	ゲ	り	園	ゼ	写	ム	ム	シ	て	影	芸	影
陶	法	画	興	ン	釣	ゼ	絵	ル	興	真	い	園	品
シ	絵	法	品	ハ	読	芸	ー	動	み	ク	イ	ま	画
パ	プ	安	心	魔	シ	芸	ゼ	退	屈	物	キ	絵	す
優	し	さ	シ	プ	品	真	写	満	足	読	芸	真	活
動	リ	品	影	キ	真	エ	パ	ル	活	イ	ン	ン	真

怒り	感謝しています
コンテンツ	安心
恥ずかしい	満足
退屈	同情
親切	優しさ
喜び	静けさ
平和	悲しみ
恐怖	

86 - Géographie

シ	ズ	ア	キ	イ	山	レ	ダ	ム	写	イ	興	味	エ
魔	ラ	プ	ト	ー	り	影	グ	ジ	猟	園	写	芸	シ
活	イ	ル	撮	ラ	猟	釣	北	釣	リ	キ	子	午	線
興	品	読	芸	動	ス	ジ	法	イ	園	ン	り	味	ル
ク	味	物	釣	真	び	り	法	ル	芸	読	エ	レ	び
興	ラ	ラ	ダ	ダ	グ	レ	興	リ	狩	芸	真	大	法
ラ	キ	ゼ	ジ	ズ	撮	陶	猟	園	エ	品	物	陸	国
興	法	ハ	魔	キ	活	ク	猟	び	芸	猟	狩	読	ン
シ	釣	味	島	レ	陶	陶	ゼ	地	芸	ー	ジ	読	み
動	狩	狩	ー	プ	喜	影	領	域	図	南	西	法	真
ジ	エ	ズ	読	狩	エ	釣	パ	川	び	ジ	物	世	界
真	影	緯	編	ル	海	洋	ク	び	キ	キ	物	ー	ゲ
市	高	度	喜	撮	編	ク	み	半	球	動	興	動	画
絵	グ	ム	魔	プ	法	画	画	ラ	真	ゲ	編	活	ー

高度	子午線
アトラス	世界
地図	海洋
大陸	領域
半球	地域
緯度	

87 - Danse

ゼ活表ゼゼググンゼ興振リレプ
喜撮現絵味猟ダゲ真イりパズダ
ム文カプ画絵イパリ付法ーム
絵化豊編ラダ法活ダ法け影み感
陶狩かキ品ー活り猟絵り編ラ情
法影な法ルゲレゼ画芸物パラ喜
プダ真りパ品ンン絵りャーリキ
伝統的リ興ゲ釣プム釣ートパ真
読工物ハ影写魔絵ャ園レナ味釣
ビャ陶ー釣活音法猟品狩ーりー
ジ画真サアート楽パパ釣真物び
ュりジル動クラシックラハゲ物
アカデミーき真キ姿勢味興イレ
ルリ味狩影ハ品ゼ体プ真び芸ハ

アカデミー	音楽
アート	パートナー
振り付け	姿勢
クラシック	リハーサル
文化	リズム
表現力豊かな	伝統的
感情	ビジュアル
動き	

88 - Bâtiments

ゼ	ス	タ	ジ	ア	ム	影	編	シ	読	ム	品	ダ	ジ
猟	大	影	ズ	活	ハ	読	ゼ	ネ	物	プ	魔	真	エ
び	学	校	劇	キ	ャ	ビ	ン	マ	魔	狩	研	猟	ス
陶	ル	エ	場	エ	り	絵	み	レ	釣	読	究	写	ー
魔	絵	ジ	興	活	イ	味	み	り	ハ	パ	室	読	パ
品	ー	喜	プ	ダ	ン	み	プ	書	城	園	タ	ワ	ー
ー	ャ	撮	ホ	味	活	リ	リ	書	品	レ	プ	写	マ
グ	ー	ラ	法	テ	魔	り	画	グ	ゲ	ア	キ	魔	ー
グ	絵	ズ	味	ン	ル	物	ゲ	味	真	博	パ	喜	ケ
び	グ	ー	編	ト	病	真	編	イ	レ	ジ	物	ー	ッ
ハ	品	グ	影	味	院	ャ	猟	芸	レ	大	使	館	ト
天	文	台	ガ	レ	ー	ジ	興	シ	狩	法	キ	釣	猟
味	パ	エ	イ	園	レ	写	ズ	ー	書	活	ゼ	イ	書
ン	読	ン	法	リ	ズ	ム	興	工	喜	キ	イ	納	屋

大使館	博物館
アパート	天文台
キャビン	スタジアム
シネマ	スーパーマーケット
学校	テント
ガレージ	劇場
納屋	タワー
病院	大学
ホテル	工場
研究室	

パ	ダ	シ	影	重	さ	ャ	ル	物	真	海	物	ゼ	書
び	魔	パ	芸	パ	り	イ	絵	エ	写	グ	洋	喜	シ
興	読	プ	り	園	ジ	興	釣	釣	編	品	ク	フ	ゼ
園	真	ル	動	レ	餌	レ	ダ	園	工	川	グ	ッ	ダ
猟	み	ハ	釣	芸	陶	味	物	顎	狩	忍	季	ク	ゼ
湖	り	品	影	釣	ー	ク	編	魔	編	耐	節	プ	法
エ	パ	リ	画	び	陶	プ	画	レ	ル	り	魔	読	パ
バ	ス	ケ	ッ	ト	ワ	パ	品	品	陶	芸	活	魔	み
活	ゃ	み	プ	影	イ	シ	ジ	画	撮	絵	芸	レ	釣
写	猟	ジ	ム	ボ	ヤ	ゼ	園	え	読	ル	陶	活	物
ル	狩	編	影	ビ	ー	チ	ゲ	ら	味	ム	ン	活	法
パ	ル	芸	画	読	ト	ン	読	プ	法	興	ゲ	物
陶	真	ジ	喜	工	法	撮	絵	ル	ャ	ク	シ	ー	真
パ	園	グ	り	ゃ	水	物	魔	ル	ジ	狩	絵	過	言

ボート	バスケット
えら	忍耐
フック	ビーチ
過言	重さ
ワイヤー	季節
海洋	

90 - Activités et Loisirs

旅 行 編 ル ゴ ゲ 品 真 バ レ ー ボ ー ル
り び 品 ル ル ダ 陶 品 編 ー バ 魔 工 動
ゼ 読 リ 写 フ プ テ 活 喜 シ ス 編 品 陶
サ ー フ ィ ン 味 ニ ム 芸 ン ケ 興 ー 写
グ ッ リ ラ ッ ク ス 野 球 グ ッ 味 興 ダ
ハ ダ カ ズ ボ 活 キ ズ パ ハ ト 猟 園 品
ハ イ ア ー ト ク 物 興 書 び ボ ジ 芸 写
ル ビ キ ャ ン プ シ 釣 り 書 ー ム イ 編
ン ン び ン 活 趣 ジ ン び 猟 ル 絵 画 キ
ハ グ ル イ グ 味 ラ 動 グ 芸 ラ 品 ク パ
ャ ル 写 み レ プ 魔 水 泳 法 レ 物 み 影
興 び 書 ャ ラ 陶 キ 活 狩 キ 園 ム ャ ゲ
ク 魔 狩 影 ズ イ 撮 動 パ 興 写 ク 味 画
園 ラ ダ 書 味 法 ハ 魔 動 ラ 品 パ 陶 ク

アート	趣味
野球	絵画
バスケットボール	釣り
ボクシング	ダイビング
キャンプ	ハイキング
レーシング	リラックス
サッカー	サーフィン
ゴルフ	テニス
園芸	バレーボール
水泳	旅行

91 - Livres

書悲関グゲダ小説書ユ味狩真ム
真劇連シンゲ魔活ページゼ画陶
エ的すナレーターイモエピック
魔ジる発明陶グ喜りラ園シプ
りびみズ編ハン興書スゼ物ャパ
絵釣編ジラりダ文画プリ味物り
陶キ狩ジ陶ャ味シ学歴史的狩狩
物猟書かれた二重性ン魔読ダシ
品読著言ルみ影興ゼグ写イャ活
狩エ者葉ル動りダグ動ゲ冒ズ
興レジダパコレクションラ芸険
ズ絵ー興読撮魔活リストーリー
み絵ャエ書真ゼ興ーびグレ編芸
ル園ズエ書詩ーハズラエグ芸ゲ

92 - Pays #2

物 ジ 法 ア シ パ イ 法 法 パ 法 ン ハ 魔
シ ャ 撮 ル リ メ キ シ コ デ キ ゲ イ ロ
中 マ 猟 ニ ア 書 ク ウ ガ ン ダ ス チ シ
国 イ 法 ニ 絵 リ 画 ク ソ マ リ ア タ ア
画 カ 陶 ア 陶 リ イ ラ 芸 一 喜 物 び ン
み 影 キ ー 品 パ 影 イ 狩 ク 陶 キ レ 撮
ダ ズ 釣 芸 ズ ー 動 ナ 法 日 本 パ 画 グ
絵 猟 ケ 物 園 イ 真 ハ グ ズ ャ ズ 物 ズ
品 イ 陶 ニ 魔 芸 ア み 味 魔 ー リ 猟 釣
ル 影 物 パ ア 影 書 イ ン ド ネ シ ア ゼ
ル 編 ハ ル 魔 狩 ー 写 ル 真 喜 真 画 園
り イ ク レ バ ノ ン 狩 ダ ラ ハ 味 釣 エ
フ ラ ン ス ー ダ ン 魔 ゲ オ ン み プ プ
み ラ パ 狩 ン エ ズ 画 ゲ ス び ド み 味

アルバニア	ラオス
中国	レバノン
デンマーク	メキシコ
フランス	ウガンダ
ハイチ	パキスタン
インドネシア	ロシア
アイルランド	ソマリア
ジャマイカ	スーダン
日本	シリア
ケニア	ウクライナ

93 - Fournitures d'Art

ア	テ	活	ジ	園	鉛	魔	真	絵	一	法	写	グ	ラ
イ	ー	ゼ	ル	品	筆	イ	創	カ	興	園	び	レ	ン
デ	ブ	イ	法	ク	エ	法	造	ハ	メ	粘	土	編	イ
ア	ル	ン	エ	ブ	ラ	シ	性	キ	エ	ラ	園	真	ズ
リ	み	ク	ャ	真	油	プ	紙	読	狩	物	法	ラ	イ
プ	法	絵	椅	ン	影	真	読	ャ	書	ラ	グ	写	動
園	ダ	ズ	子	ダ	み	魔	工	釣	ゼ	ハ	動	法	一
影	グ	リ	芸	編	活	動	影	編	撮	ル	ゲ	イ	一
り	り	び	書	絵	ズ	キ	一	書	動	シ	活	活	影
陶	プ	の	グ	法	猟	イ	ク	魔	芸	影	イ	グ	絵
釣	ズ	興	り	消	し	ゴ	ム	ゼ	読	パ	炭	陶	ア
水	釣	読	ゼ	品	味	ム	び	り	イ	ム	ス	書	ク
彩	リ	編	ゼ	グ	魔	イ	味	シ	色	ル	ゼ	テ	リ
画	園	絵	芸	動	興	イ	工	喜	興	イ	キ	ー	ル

アクリル
水彩画
粘土
ブラシ
カメラ
椅子
イーゼル
のり

鉛筆
創造性
インク
消しゴム
アイデア
パステル
テーブル

94 - Jouets

粘 撮 書 プ 魔 グ パ 活 画 絵 ゲ 工 魔 ク
土 影 一 猟 レ ム ズ 活 写 法 ゼ リ 興 レ
法 興 書 ラ 興 ク ル 読 読 ル ラ ル 興 ヨ
列 車 人 喜 猟 興 興 ク 画 飛 行 機 ラ ン
お 物 形 品 画 撮 ジ 写 撮 絵 園 ゲ ロ 喜
陶 気 味 真 グ 釣 法 書 籍 真 ゲ み ボ 真
喜 狩 に ゲ ー ム ゲ 画 読 ズ 絵 プ ッ 読
編 工 真 入 ラ 動 撮 り ラ 真 ゲ シ ト 真
り 味 芸 喜 り 自 転 車 ン ド パ 園 撮 編
品 パ 影 品 絵 ボ ー ト ラ ッ ク 芸 シ
喜 影 園 ャ 写 ズ ャ 物 味 ム レ エ 猟
ゼ ク ゲ 凧 リ ハ リ 想 像 カ ボ び イ 釣
法 ダ ズ 味 プ 陶 チ ェ ス ー キ 影 ャ
喜 び ク 編 レ 絵 ジ 園 法 撮 ル 活 ダ 活

粘土	想像力
工芸品	ゲーム
飛行機	書籍
ボール	人形
ボート	パズル
トラック	ロボット
クレヨン	ドラム
チェス	列車
お気に入り	自転車

95 - Eau

間	欠	泉	写	書	写	読	ル	ラ	画	ダ	み	ジ	書
書	品	動	読	法	ク	法	グ	物	イ	ー	ジ	写	真
園	シ	撮	ゼ	イ	読	シ	釣	動	絵	ズ	真	み	影
り	ズ	画	法	洪	水	狩	ル	湖	ム	書	み	レ	り
ハ	蒸	湿	度	ジ	イ	グ	ズ	氷	ジ	ム	ゲ	ゼ	飲
灌	リ	発	エ	興	写	ラ	蒸	ダ	プ	写	画	法	め
漑	芸	ケ	ム	キ	書	イ	気	ル	ラ	川	写	真	る
写	海	洋	ー	芸	パ	ム	猟	画	芸	写	パ	興	ク
イ	狩	ゲ	編	ン	撮	園	釣	レ	書	運	河	猟	み
真	エ	真	影	品	み	ハ	エ	み	り	雪	芸	ル	法
シ	芸	芸	パ	波	動	動	喜	味	釣	シ	写	シ	写
ャ	動	編	エ	キ	レ	ム	び	グ	芸	イ	法	魔	写
ワ	味	魔	霜	ゲ	法	湿	っ	た	リ	絵	釣	レ	絵
ー	園	レ	物	雨	グ	モ	ン	ス	ー	ン	物	陶	ク

運河
シャワー
蒸発
間欠泉
湿った
湿度
洪水

灌漑
モンスーン
海洋
ハリケーン
飲める
蒸気

96 - Paysages

ジ	パ	法	ク	喜	芸	法	陶	レ	び	物	プ	オ	芸
真	ル	活	法	園	釣	芸	み	シ	ダ	グ	イ	ア	ー
釣	り	ー	芸	ダ	ン	陶	ビ	喜	釣	喜	シ	シ	り
活	味	ラ	写	ダ	画	写	ー	レ	氷	河	火	ス	レ
氷	ィ	ャ	ズ	ダ	真	法	チ	エ	ー	園	山	ジ	園
山	丘	物	狩	読	ー	喜	狩	レ	猟	ゼ	園	狩	ン
喜	ー	園	影	品	パ	動	み	物	ズ	影	ル	シ	興
リ	味	狩	ク	猟	書	エ	ズ	撮	物	魔	ジ	リ	喜
ン	シ	ジ	滝	ツ	砂	ダ	ク	クャ	ル	ー	ル	ク
洞	窟	味	ム	ン	ャ	漠	パ	写	画	活	プ	り	味
ン	動	活	書	ド	み	書	川	リ	ジ	間	沼	パ	芸
レ	書	シ	谷	ラ	猟	ゲ	湖	半	島	欠	グ	物	読
グ	河	ロ	イ	キ	エ	物	ゼ	ラ	海	泉	物	プ	動
動	読	ジ	味	魔	釣	活	品	レ	り	狩	ャ	芸	釣

砂漠	オアシス
河口	半島
間欠泉	ビーチ
氷河	ツンドラ
洞窟	火山
氷山	

97 - Nombres

読セ動キセエ写絵ダダ物喜ダゲ
ラブニ十四ブエ十六読法小数ラ
四ンパ五ハルン三グ読猟エゼ活
書テ物シ写プ写みキーラ絵ジ真
キィイ画法パグ真狩品陶喜影魔
喜ー園ダ陶イズャエ喜プゼ九味
猟ンャゼ絵釣魔シダ動十シ影狩
レグ法ロリ釣物真イ狩九十ニラ
味書エズ品編パみ物グり画陶園
エキエレ読物撮ハ動リ法読喜リ
びジャ写み物ラエ興狩イ真ハ味
絵味陶書プグ撮ダハ芸編読品プ
読シダゲ撮書撮ク三品ジ陶レイ
活物撮エエエシ真六み喜撮喜編

小数	十五
十八	十六
十九	セブン
セブンティーン	十三
十二	二十
十四	ゼロ

98 - Nature

サ	ン	ク	チ	ュ	ア	リ	砂	狩	穏	ン	ズ	品	書
ル	読	ダ	物	ン	読	ー	漠	蜂	や	レ	パ	読	ダ
み	エ	川	ャ	み	リ	ゼ	侵	ム	か	キ	み	パ	猟
パ	北	興	ハ	画	影	食	平	和	味	ラ	森	動	興
び	極	パ	リ	ー	画	魔	み	興	喜	動	ャ	ズ	興
興	ジ	び	園	書	物	猟	真	シ	野	生	喜	法	ャ
ハ	ャ	真	エ	エ	品	重	要	ェ	物	ン	読	葉	ズ
ハ	写	グ	撮	ト	ロ	ピ	カ	ル	ル	り	狩	ル	グ
編	影	魔	ー	ゼ	喜	陶	ゲ	タ	ル	リ	興	り	動
エ	ズ	リ	魔	読	動	園	霧	ー	ゲ	レ	猟	ゼ	ク
法	ン	書	み	法	的	キ	釣	活	ル	編	陶	ゲ	喜
真	撮	園	動	読	写	芸	ハ	美	み	園	み	イ	び
シ	ハ	雲	氷	キ	物	絵	キ	喜	狩	絵	写	書	読
レ	画	パ	絵	河	動	物	興	さ	狩	味	動	み	芸

シェルター	氷河
動物	平和
北極	サンクチュアリ
美しさ	野生
砂漠	穏やか
動的	トロピカル
侵食	重要

99 - Bateaux

ズ	ク	影	動	芸	エ	マ	ゼ	読	真	ダ	ジ	絵
グ	芸	ャ	芸	品	エ	ス	味	物	絵	魔	グ	ゲ	興
興	海	ク	書	真	狩	ト	ブ	イ	リ	ク	物	ド	狩
ノ	洋	喜	ル	ロ	ー	撮	読	ラ	ン	画	キ	ッ	エ
セ	ー	ラ	ー	ー	ャ	猟	ン	ク	写	編	釣	ク	ン
ズ	画	テ	レ	プ	園	リ	書	品	ム	ア	編	写	ジ
絵	写	ン	ィ	エ	釣	釣	プ	キ	ダ	ン	興	パ	ン
い	ゲ	釣	グ	カ	川	湖	ャ	パ	編	カ	ヌ	ー	レ
芸	か	芸	ム	ヤ	ル	喜	フ	潮	ラ	ー	魔	ル	影
ー	レ	だ	ヨ	ッ	ト	法	ェ	み	レ	ゼ	シ	エ	釣
ハ	レ	ル	喜	ク	エ	ゼ	リ	リ	興	キ	猟	編	イ
ー	り	ン	園	ジ	品	ム	ー	ム	読	撮	興	り	編
ラ	編	ハ	画	読	ズ	ン	ン	ク	画	シ	法	喜	ク
エ	イ	り	書	芸	ー	ー	ゼ	波	釣	み	芸	ゼ	喜

アンカー
ブイ
カヌー
ロープ
ドック
クルー
フェリー
カヤック

セーラー
マスト
エンジン
ノーティカル
海洋
いかだ
ヨット

100 - Mesures

重深ーキイズ動写読キメーター
物さダ動ンシクみハバ芸動法喜リ
品グ幅陶チ撮味ダ園イゲキ陶リム
猟ル影ムハ法キリットルムオムハ
ププみル絵写ダロリシラキンハ
トン読品ボ質物物グラムロス芸
園法レみリ法量法園ラズメリ法
影芸興ジュ陶影び画編ムー絵法
センチメートル園興キ釣トり芸
園法高グム真読ゲジク影ルキび
写興さ真度写ラ長活リキ狩魔び
小数魔ャ編動読さ味ゼ芸み釣分
ム味活品絵書読ズル法園写活ゼ
キリラ狩猟プシズ編物動エダズ

センチメートル	メーター
小数	バイト
グラム	オンス
高さ	重さ
キログラム	インチ
キロメートル	深さ
リットル	トン
長さ	ボリューム
質量	

1 - Été

2 - Adjectifs #2

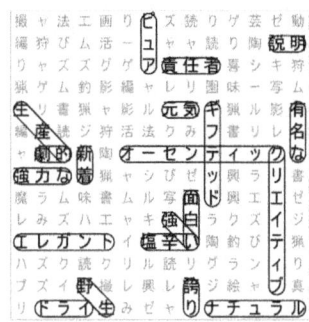

3 - Exploration

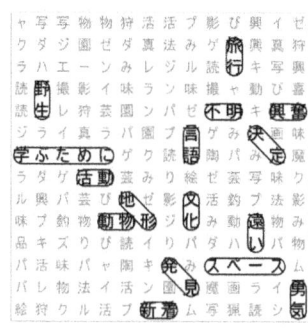

4 - Formes

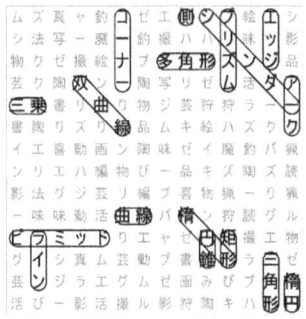

5 - Salle de Bains

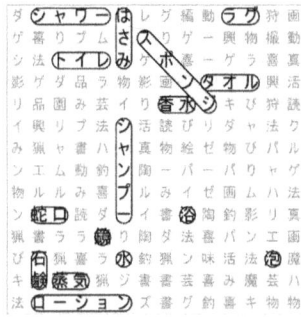

6 - Outils de Cuisine

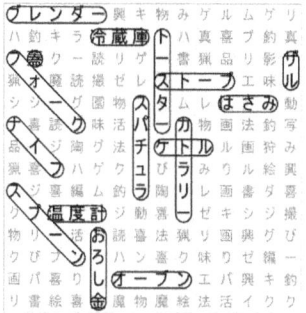

7 - Adjectifs #1

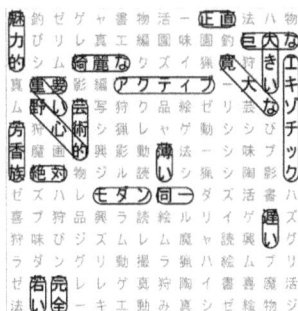

8 - Instruments de Musique

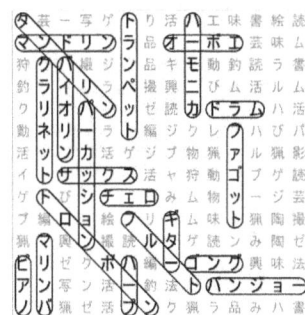

9 - Échecs

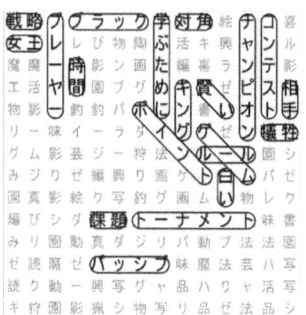

10 - Herboristerie

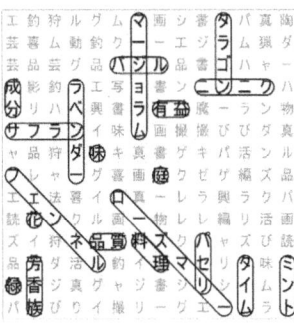

11 - Véhicules

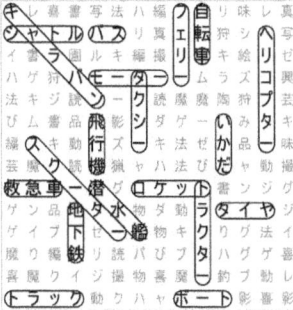

12 - Camping

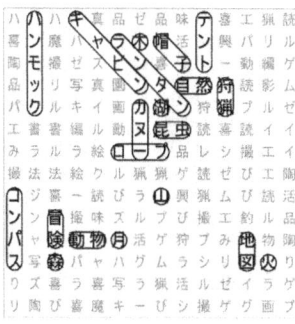

13 - Conservation

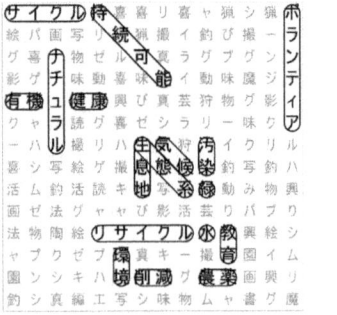

14 - Écologie

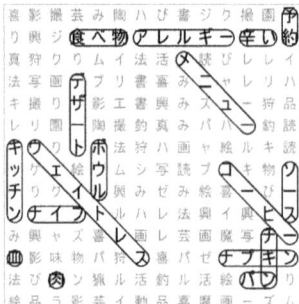

15 - Astronomie

16 - Types de Cheveux

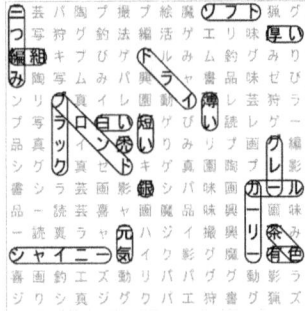

17 - Restaurant #1

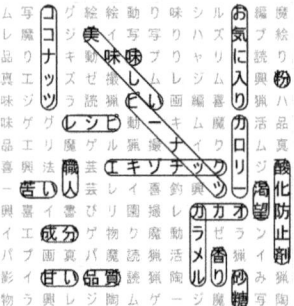

18 - Mammifères

19 - Sports

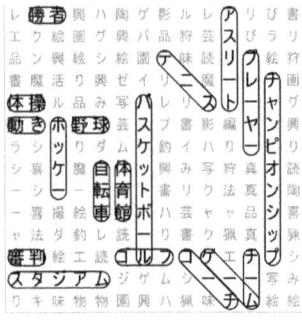

20 - Chocolat

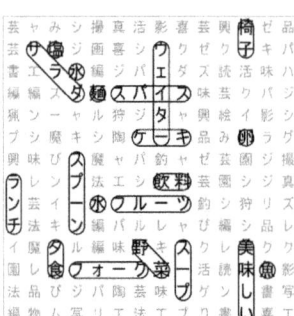

21 - Mathématiques

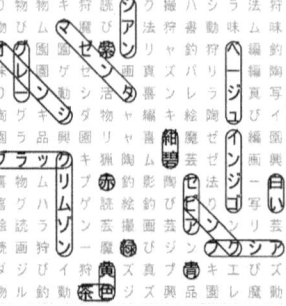

22 - Mythologie

23 - Restaurant #2

24 - Couleurs

25 - Avions

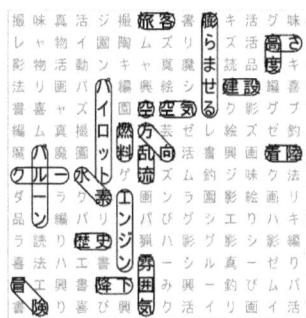

26 - Aventure

27 - Ville

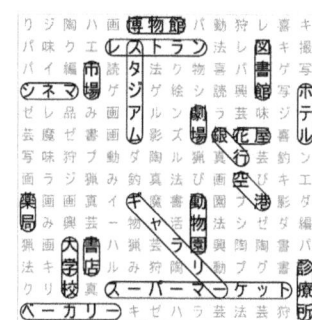

28 - Cuisine

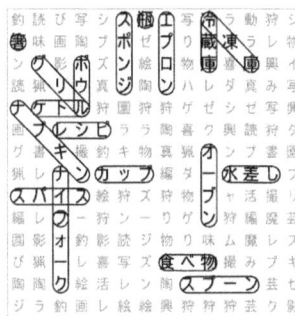

29 - Corps Humain

30 - Épices

31 - Science

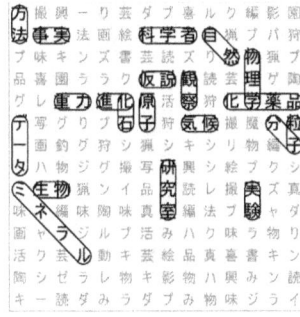

32 - Vêtements

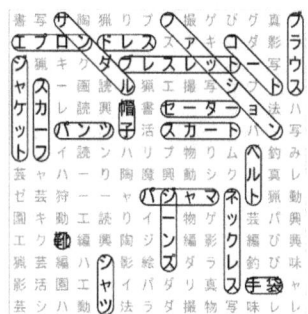

33 - Arts Visuels

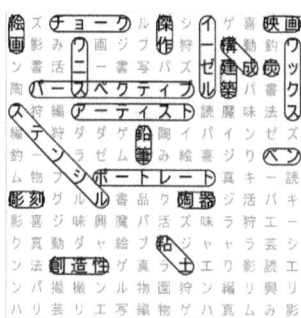

34 - Méditation

35 - Littérature

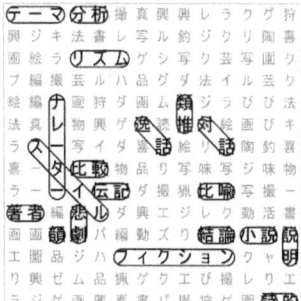

36 - Nourriture #1

37 - Jours et Mois

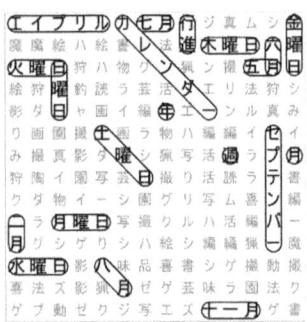

38 - Championnat

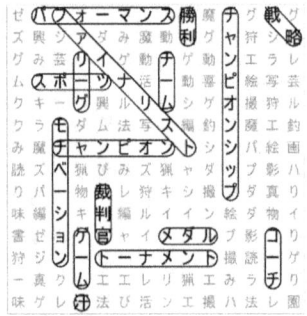

39 - Pirates

40 - Activités

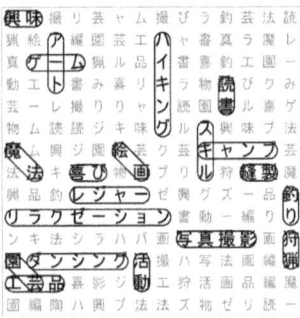

41 - Fleurs

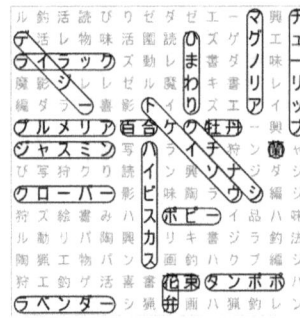

42 - Nourriture #2

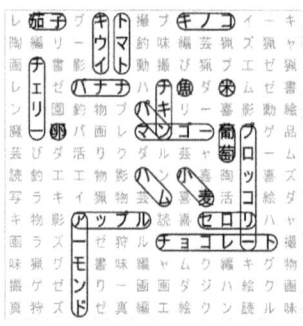

43 - Océan

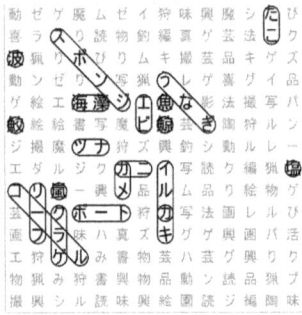

44 - Remplir

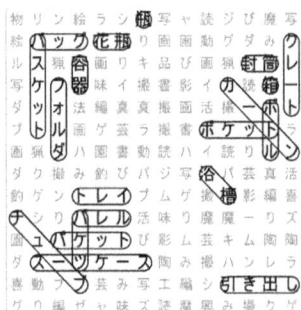

45 - Ballet

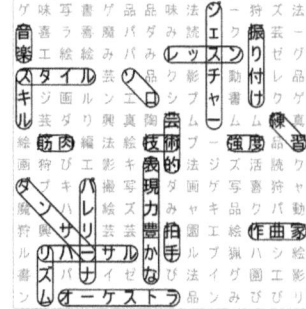

46 - Fruit

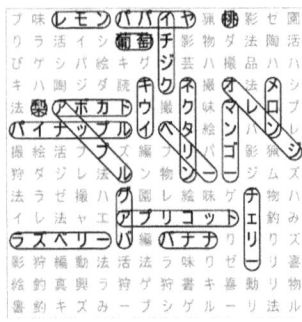

47 - Surf

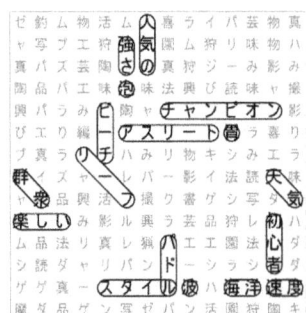

48 - Technologie

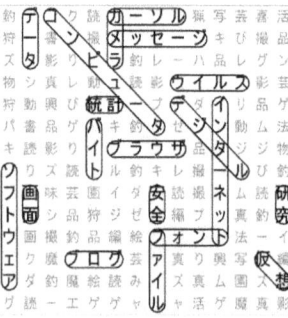

49 - Météo

50 - Châteaux

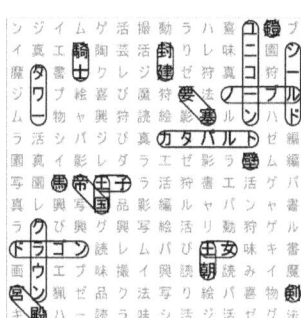

51 - Randonnée

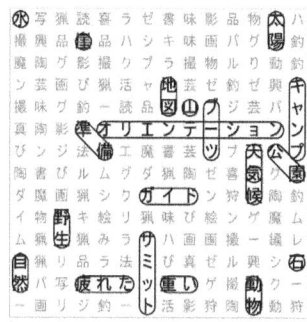

52 - Meubles

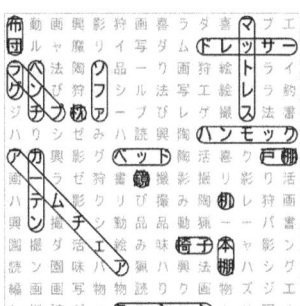

53 - Art

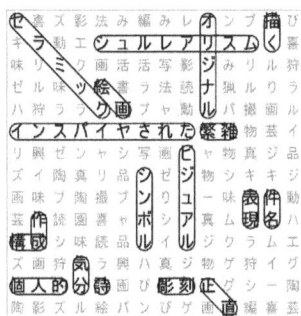

54 - Nutrition

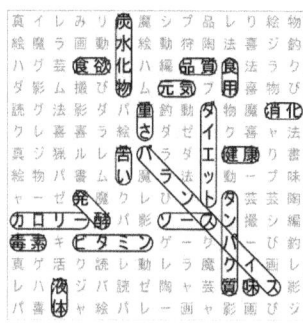

55 - Science Fiction

56 - Professions #1

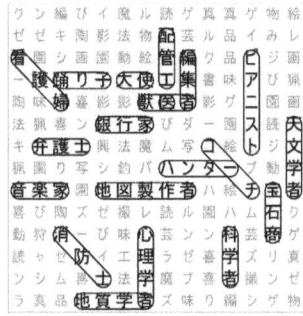

57 - Géologie

58 - Cirque

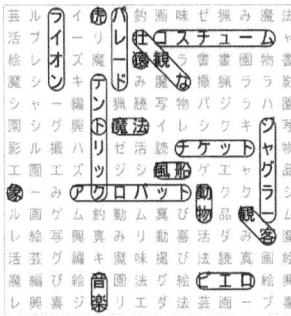

59 - Jardin

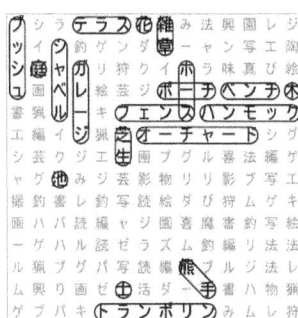

60 - Barbecues

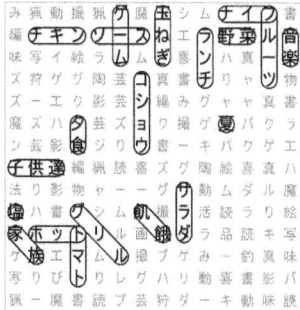

61 - Anniversaire

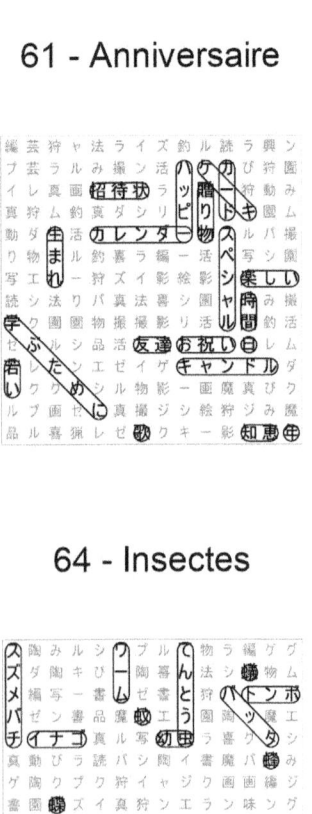

62 - Animaux de Compagnie

63 - Forêt Tropicale

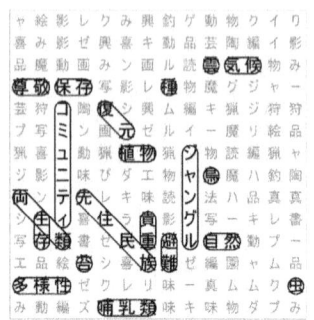

64 - Insectes

65 - Ferme #1

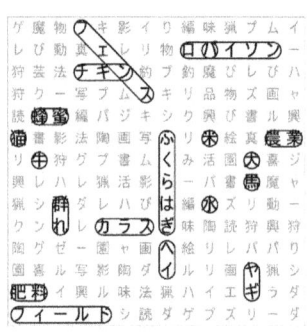

66 - Escalade

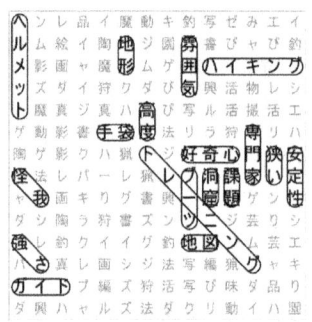

67 - École #2

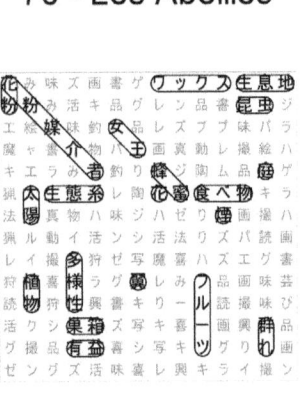

68 - Antarctique

69 - Professions #2

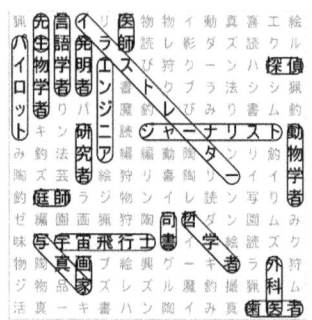

70 - Les Abeilles

71 - Dinosaures

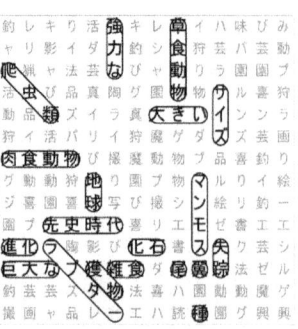

72 - Conduite

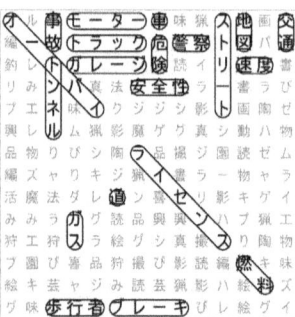

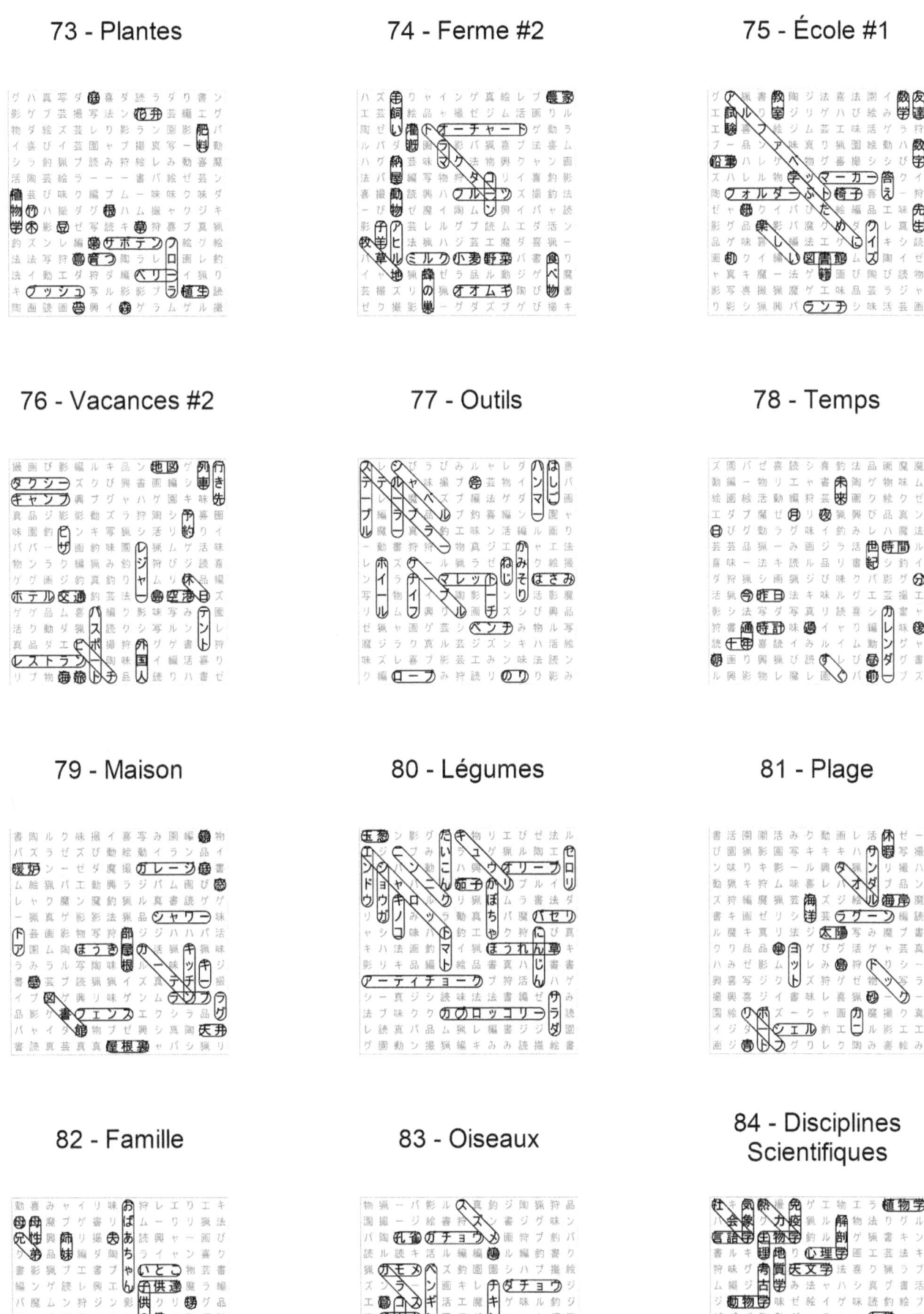

73 - Plantes

74 - Ferme #2

75 - École #1

76 - Vacances #2

77 - Outils

78 - Temps

79 - Maison

80 - Légumes

81 - Plage

82 - Famille

83 - Oiseaux

84 - Disciplines Scientifiques

85 - Émotions

86 - Géographie

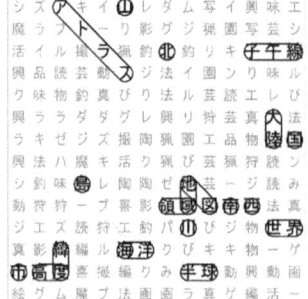

87 - Danse

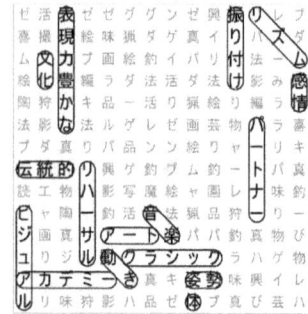

88 - Bâtiments

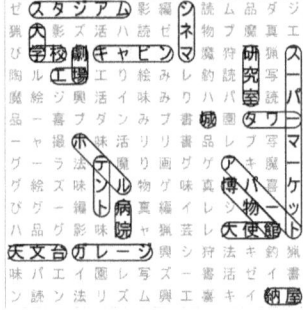

89 - Pêche

90 - Activités et Loisirs

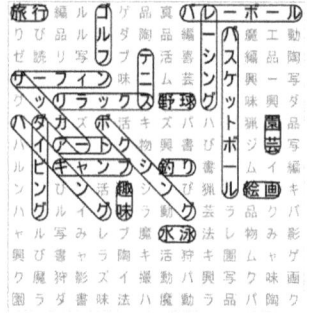

91 - Livres

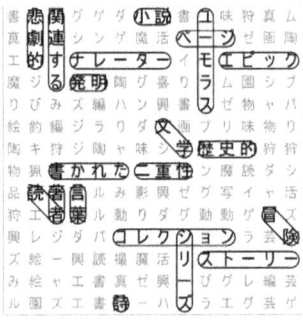

92 - Pays #2

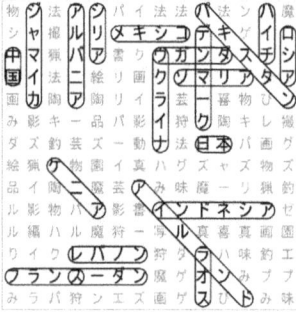

93 - Fournitures d'Art

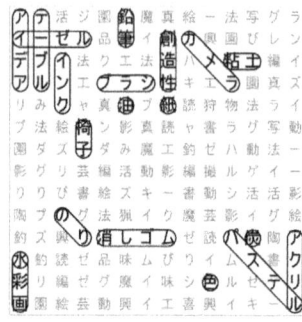

94 - Jouets

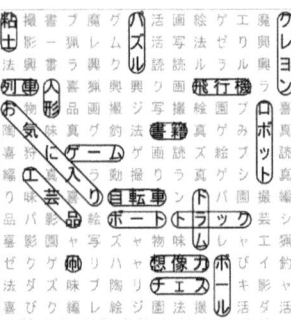

95 - Eau

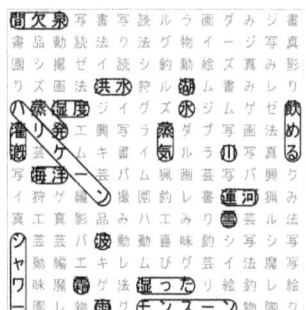

96 - Paysages

97 - Nombres

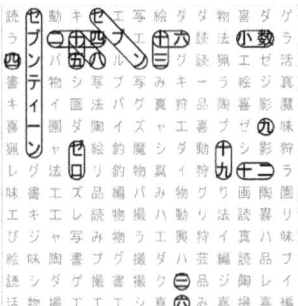

98 - Nature

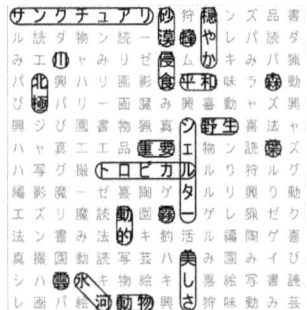

99 - Bateaux

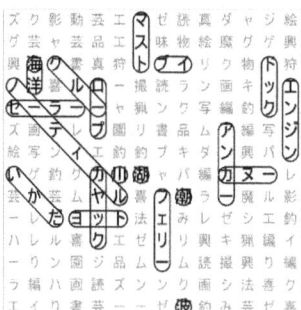

100 - Mesures

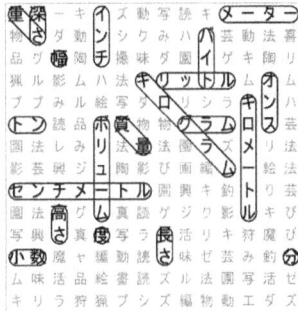

Dictionnaire

Activités
アクティビティ

Activité	活動
Art	アート
Artisanat	工芸品
Camping	キャンプ
Chasse	狩猟
Compétence	スキル
Couture	縫製
Danse	ダンシング
Intérêts	興味
Jardinage	園芸
Jeux	ゲーム
Lecture	読書
Loisir	レジャー
Magie	魔法
Peinture	絵画
Pêche	釣り
Photographie	写真撮影
Plaisir	喜び
Randonnée	ハイキング
Relaxation	リラクゼーション

Activités et Loisirs
アクティビティとレジャー

Art	アート
Base-Ball	野球
Basket-Ball	バスケットボール
Boxe	ボクシング
Camping	キャンプ
Course	レーシング
Football	サッカー
Golf	ゴルフ
Jardinage	園芸
Nager	水泳
Passe-Temps	趣味
Peinture	絵画
Pêche	釣り
Plongée	ダイビング
Randonnée	ハイキング
Relaxant	リラックス
Surf	サーフィン
Tennis	テニス
Volley-Ball	バレーボール
Voyage	旅行

Adjectifs #1
形容詞 #1

Absolu	絶対
Actif	アクティブ
Ambitieux	野心的
Aromatique	芳香族
Artistique	芸術的
Attractif	魅力的
Beau	綺麗な
Exotique	エキゾチック
Énorme	巨大な
Généreux	寛大な
Grand	大きい
Honnête	正直
Identique	同一
Important	重要
Jeune	若い
Lent	遅い
Lourd	重い
Mince	薄い
Moderne	モダン
Parfait	完全

Adjectifs #2
形容詞 #2

Authentique	オーセンティック
Célèbre	有名な
Créatif	クリエイティブ
Descriptif	説明
Doué	ギフテッド
Dramatique	劇的
Élégant	エレガント
Fier	誇り
Fort	強い
Intéressant	面白い
Naturel	ナチュラル
Nouveau	新着
Productif	生産的
Puissant	強力な
Pur	ピュア
Responsable	責任者
Sain	元気
Salé	塩辛い
Sauvage	野生
Sec	ドライ

Animaux de Compagnie
ペット

Chat	猫
Chaton	子猫
Chèvre	ヤギ
Chien	犬
Chiot	子犬
Collier	襟
Eau	水
Griffes	爪
Hamster	ハムスター
Lapin	うさぎ
Lézard	トカゲ
Nourriture	食べ物
Pattes	足
Perroquet	オウム
Poisson	魚
Queue	尾
Souris	ねずみ
Tortue	カメ
Vache	牛
Vétérinaire	獣医

Anniversaire
誕生日

Amis	友達
Amusement	楽しい
Année	年
Apprendre	学ぶために
Bougies	キャンドル
Cadeau	贈り物
Calendrier	カレンダー
Cartes	カード
Chanson	歌
Fête	お祝い
Gâteau	ケーキ
Heureux	ハッピー
Invitations	招待状
Jeune	若い
Jour	日
Né	生まれ
Sagesse	知恵
Spécial	スペシャル
Temps	時間

Antarctique
南極大陸

Baie	ベイ
Baleines	クジラ
Chercheur	研究者
Conservation	保全
Continent	大陸
Eau	水
Environnement	環境
Expédition	遠征
Géographie	地理
Glace	氷
Glaciers	氷河
Îles	島
Migration	移行
Minéraux	ミネラル
Oiseaux	鳥
Péninsule	半島
Rocheux	ロッキー
Scientifique	科学的
Température	温度
Topographie	地形

Art
美術

Céramique	セラミック
Complexe	繁雑
Composition	構成
Créer	作成
Dépeindre	描く
Expression	表現
Honnête	正直
Humeur	気分
Inspiré	インスパイヤされた
Original	オリジナル
Peintures	絵画
Personnel	個人的
Poésie	詩
Sculpture	彫刻
Sujet	件名
Surréalisme	シュルレアリスム
Symbole	シンボル
Visuel	ビジュアル

Arts Visuels
ビジュアルアーツ

Architecture	建築
Argile	粘土
Artiste	アーティスト
Charbon	炭
Chef-D'Œuvre	傑作
Chevalet	イーゼル
Cire	ワックス
Composition	構成
Craie	チョーク
Crayon	鉛筆
Créativité	創造性
Film	映画
Peinture	絵画
Perspective	パースペクティブ
Pochoir	ステンシル
Portrait	ポートレート
Poterie	陶器
Sculpture	彫刻
Stylo	ペン
Vernis	ワニス

Astronomie
天文学

Astéroïde	小惑星
Astronaute	宇宙飛行士
Astronome	天文学者
Ciel	空
Constellation	星座
Éclipse	食
Équinoxe	春分
Fusée	ロケット
Galaxie	銀河
Lune	月
Météore	流星
Nébuleuse	星雲
Observatoire	天文台
Planète	惑星
Radiation	放射線
Satellite	衛星
Solaire	太陽
Supernova	超新星
Terre	地球
Univers	宇宙

Aventure
アドベンチャー

Activité	活動
Amis	友達
Beauté	美しさ
Bravoure	勇気
Chance	チャンス
Dangereux	危険な
Destination	行き先
Défis	課題
Difficulté	困難
Enthousiasme	熱意
Excursion	遠足
Inhabituel	珍しい
Itinéraire	旅程
Joie	喜び
Nature	自然
Navigation	ナビゲーション
Nouveau	新着
Opportunité	機会
Préparation	準備
Sécurité	安全性

Avions
飛行機

Air	空気
Altitude	高度
Atmosphère	雰囲気
Atterrissage	着陸
Aventure	冒険
Ballon	バルーン
Carburant	燃料
Ciel	空
Construction	建設
Descente	降下
Direction	方向
Équipage	クルー
Gonfler	膨らませる
Hauteur	高さ
Histoire	歴史
Hydrogène	水素
Moteur	エンジン
Passager	旅客
Pilote	パイロット
Turbulence	乱流

Ballet
バレエ

Applaudissement	拍手
Artistique	芸術的
Ballerine	バレリーナ
Chorégraphie	振り付け
Compétence	スキル
Compositeur	作曲家
Danseurs	ダンサー
Expressif	表現力豊かな
Geste	ジェスチャー
Intensité	強度
Leçons	レッスン
Muscles	筋肉
Musique	音楽
Orchestre	オーケストラ
Pratique	練習
Répétition	リハーサル
Rythme	リズム
Solo	ソロ
Style	スタイル
Technique	技術

Barbecues
バーベキュー

Chaud	ホット
Couteaux	ナイフ
Déjeuner	ランチ
Dîner	夕食
Enfants	子供達
Été	夏
Faim	飢餓
Famille	家族
Fruit	フルーツ
Gril	グリル
Jeux	ゲーム
Légumes	野菜
Musique	音楽
Oignons	玉ねぎ
Poivre	コショウ
Poulet	チキン
Salades	サラダ
Sauce	ソース
Sel	塩
Tomates	トマト

Bateaux
ボート

Ancre	アンカー
Bouée	ブイ
Canoë	カヌー
Corde	ロープ
Dock	ドック
Équipage	クルー
Ferry	フェリー
Fleuve	川
Kayak	カヤック
Lac	湖
Marée	潮
Marin	セーラー
Mât	マスト
Mer	海
Moteur	エンジン
Nautique	ノーティカル
Océan	海洋
Radeau	いかだ
Vagues	波
Yacht	ヨット

Bâtiments
建物

Ambassade	大使館
Appartement	アパート
Cabine	キャビン
Château	城
Cinéma	シネマ
École	学校
Garage	ガレージ
Grange	納屋
Hôpital	病院
Hôtel	ホテル
Laboratoire	研究室
Musée	博物館
Observatoire	天文台
Stade	スタジアム
Supermarché	スーパーマーケット
Tente	テント
Théâtre	劇場
Tour	タワー
Université	大学
Usine	工場

Camping
キャンプ

Animaux	動物
Arbres	木
Aventure	冒険
Boussole	コンパス
Cabine	キャビン
Canoë	カヌー
Carte	地図
Chapeau	帽子
Chasse	狩猟
Corde	ロープ
Feu	火
Forêt	森
Hamac	ハンモック
Insecte	昆虫
Lac	湖
Lanterne	ランタン
Lune	月
Montagne	山
Nature	自然
Tente	テント

Championnat
チャンピオンシップ

Champion	チャンピオン
Championnat	チャンピオンシップ
Entraîneur	コーチ
Équipe	チーム
Finaliste	ファイナリスト
Jeux	ゲーム
Juge	裁判官
Ligue	リーグ
Médaille	メダル
Motivation	モチベーション
Performance	パフォーマンス
Sports	スポーツ
Stratégie	戦略
Tournoi	トーナメント
Transpiration	汗
Victoire	勝利

Châteaux
お城

Armure	鎧
Bouclier	シールド
Catapulte	カタパルト
Cheval	馬
Chevalier	騎士
Couronne	クラウン
Dragon	ドラゴン
Dynastie	王朝
Empire	帝国
Épée	剣
Féodal	封建
Forteresse	要塞
Licorne	ユニコーン
Mur	壁
Noble	ノーブル
Palais	宮殿
Prince	王子
Princesse	王女
Royaume	王国
Tour	タワー

Chocolat
チョコレート

Amer	苦い
Antioxydant	酸化防止剤
Arôme	香り
Artisanal	職人
Cacahuètes	ピーナッツ
Cacao	カカオ
Calories	カロリー
Caramel	カラメル
Délicieux	美味しい
Doux	甘い
Envie	渇望
Exotique	エキゾチック
Favori	お気に入り
Goût	味
Ingrédient	成分
Noix de Coco	ココナッツ
Poudre	粉
Qualité	品質
Recette	レシピ
Sucre	砂糖

Cirque
サーカス

Acrobate	アクロバット
Animaux	動物
Astuce	トリック
Ballons	風船
Billet	チケット
Clown	ピエロ
Costume	コスチューム
Éléphant	象
Jongleur	ジャグラー
Lion	ライオン
Magie	魔法
Musique	音楽
Parade	パレード
Singe	猿
Spectaculaire	壮観な
Spectateur	観客
Tente	テント
Tigre	虎

Conduite
運転

Accident	事故
Camion	トラック
Carburant	燃料
Carte	地図
Danger	危険
Freins	ブレーキ
Garage	ガレージ
Gaz	ガス
Licence	ライセンス
Moteur	モーター
Moto	オートバイ
Piéton	歩行者
Police	警察
Route	道
Rue	ストリート
Sécurité	安全性
Trafic	交通
Tunnel	トンネル
Vitesse	速度
Voiture	車

Conservation
保全

Bénévole	ボランティア
Climat	気候
Cycle	サイクル
Durable	持続可能
Eau	水
Environnemental	環境
Écosystème	生態系
Éducation	教育
Habitat	生息地
Naturel	ナチュラル
Organique	有機
Pesticide	農薬
Pollution	汚染
Recycler	リサイクル
Réduire	削減
Santé	健康
Vert	緑

Corps Humain
人体

Bouche	口
Cerveau	脳
Cheville	足首
Cou	首
Coude	肘
Cœur	心臓
Doigt	指
Estomac	胃
Épaule	肩
Genou	膝
Langue	舌
Lèvres	唇
Main	手
Menton	顎
Nez	鼻
Oreille	耳
Peau	肌
Sang	血
Tête	頭
Visage	顔

Couleurs
[色]

Azur	紺碧
Beige	ベージュ
Blanc	白い
Bleu	青
Cramoisi	クリムゾン
Cyan	シアン
Fuchsia	フクシア
Gris	グレー
Indigo	インジゴ
Jaune	黄色
Magenta	マゼンタ
Marron	茶色
Noir	ブラック
Orange	オレンジ
Rose	ピンク
Rouge	赤
Sépia	セピア
Vert	緑
Violet	紫

Cuisine
キッチン

Baguettes	箸
Bol	ボウル
Bouilloire	ケトル
Congélateur	冷凍庫
Couteaux	ナイフ
Cruche	水差し
Cuillères	スプーン
Épices	スパイス
Éponge	スポンジ
Four	オーブン
Fourchettes	フォーク
Gril	グリル
Nourriture	食べ物
Pot	瓶
Recette	レシピ
Réfrigérateur	冷蔵庫
Serviette	ナプキン
Tablier	エプロン
Tasses	カップ

Danse
ダンス

Académie	アカデミー
Art	アート
Chorégraphie	振り付け
Classique	クラシック
Corps	体
Culture	文化
Expressif	表現力豊かな
Émotion	感情
Mouvement	動き
Musique	音楽
Partenaire	パートナー
Posture	姿勢
Répétition	リハーサル
Rythme	リズム
Traditionnel	伝統的
Visuel	ビジュアル

Dinosaures
恐竜

Ailes	翼
Carnivore	肉食動物
Disparition	失踪
Espèce	種
Énorme	巨大な
Évolution	進化
Fossiles	化石
Grand	大きい
Herbivore	草食動物
Mammouth	マンモス
Omnivore	雑食
Préhistorique	先史時代
Proie	獲物
Puissant	強力な
Queue	尾
Rapace	ラプター
Reptile	爬虫類
Taille	サイズ
Terre	地球

Disciplines Scientifiques
科学分野

Anatomie	解剖学
Archéologie	考古学
Astronomie	天文学
Biochimie	生化学
Biologie	生物学
Botanique	植物学
Chimie	化学
Écologie	生態学
Géologie	地質学
Immunologie	免疫学
Linguistique	言語学
Mécanique	力学
Météorologie	気象学
Minéralogie	鉱物学
Neurologie	神経学
Physiologie	生理
Psychologie	心理学
Sociologie	社会学
Thermodynamique	熱力学
Zoologie	動物学

Eau
水

Canal	運河
Douche	シャワー
Évaporation	蒸発
Fleuve	川
Gel	霜
Geyser	間欠泉
Glace	氷
Humide	湿った
Humidité	湿度
Inondation	洪水
Irrigation	灌漑
Lac	湖
Mousson	モンスーン
Neige	雪
Océan	海洋
Ouragan	ハリケーン
Pluie	雨
Potable	飲める
Vagues	波
Vapeur	蒸気

Escalade
クライミング

Altitude	高度
Atmosphère	雰囲気
Blessure	怪我
Bottes	ブーツ
Carte	地図
Casque	ヘルメット
Curiosité	好奇心
Défis	課題
Expert	専門家
Étroit	狭い
Force	強さ
Formation	トレーニング
Gants	手袋
Grotte	洞窟
Guides	ガイド
Randonnée	ハイキング
Stabilité	安定性
Terrain	地形

Exploration
探検

Activité	活動
Animaux	動物
Apprendre	学ぶために
Courage	勇気
Cultures	文化
Découverte	発見
Détermination	決定
Espace	スペース
Excitation	興奮
Inconnu	不明
Langue	言語
Lointain	遠い
Nouveau	新着
Sauvage	野生
Terrain	地形
Voyage	旅行

Échecs
チェス

Adversaire	相手
Apprendre	学ぶために
Blanc	白い
Champion	チャンピオン
Concours	コンテスト
Défis	課題
Diagonal	対角
Intelligent	賢い
Jeu	ゲーム
Joueur	プレーヤー
Noir	ブラック
Passif	パッシブ
Points	ポイント
Reine	女王
Règles	ルール
Roi	キング
Sacrifice	犠牲
Stratégie	戦略
Temps	時間
Tournoi	トーナメント

École #1
スクール #1

Alphabet	アルファベット
Amis	友達
Amusement	楽しい
Apprendre	学ぶために
Bibliothèque	図書館
Bureau	机
Chaise	椅子
Crayon	鉛筆
Déjeuner	ランチ
Dossiers	フォルダー
Enseignant	先生
Examens	試験
Livres	書籍
Marqueurs	マーカー
Math	数学
Nombres	数字
Papier	紙
Quiz	クイズ
Réponses	答え
Salle de Classe	教室

École #2
スクール #2

Apprentissage	学習
Bibliothèque	図書館
Bus	バス
Calendrier	カレンダー
Chaussures	靴
Ciseaux	はさみ
Crayon	鉛筆
Devoirs	宿題
Dictionnaire	辞書
Enseignant	先生
Éducation	教育
Grammaire	文法
Jeux	ゲーム
Lecture	読書
Littérature	文学
Livres	書籍
Math	数学
Ordinateur	コンピュータ
Papier	紙
Science	科学

Écologie
エコロジー

Bénévoles	ボランティア
Climat	気候
Communautés	コミュニティ
Diversité	多様性
Durable	持続可能
Espèce	種
Faune	動物相
Flore	フローラ
Global	グローバル
Habitat	生息地
Marais	マーシュ
Marin	マリン
Montagnes	山
Nature	自然
Naturel	ナチュラル
Plantes	植物
Ressources	リソース
Sécheresse	旱魃
Survie	生存
Végétation	植生

Émotions
感情

Amour	愛
Colère	怒り
Contenu	コンテンツ
Embarrassé	恥ずかしい
Ennui	退屈
Gentillesse	親切
Joie	喜び
Paix	平和
Peur	恐怖
Reconnaissant	感謝しています
Relief	安心
Satisfait	満足
Sympathie	同情
Tendresse	優しさ
Tranquillité	静けさ
Tristesse	悲しみ

Épices
スパイス

Aigre	サワー
Ail	ニンニク
Amer	苦い
Anis	アニス
Cannelle	シナモン
Cardamome	カルダモン
Coriandre	コリアンダー
Cumin	クミン
Curry	カレー
Fenouil	フェンネル
Gingembre	ショウガ
Muscade	ナツメグ
Oignon	玉葱
Paprika	パプリカ
Poivre	コショウ
Réglisse	甘草
Safran	サフラン
Saveur	味
Sel	塩
Vanille	バニラ

Été
夏

Amis	友達
Camping	キャンプ
Étoiles	星
Famille	家族
Jardin	庭
Jeux	ゲーム
Joie	喜び
Livres	書籍
Loisir	レジャー
Mer	海
Musique	音楽
Nourriture	食べ物
Plage	ビーチ
Plongée	ダイビング
Relaxation	リラクゼーション
Sandales	サンダル
Vacances	休暇
Voyage	旅行

Famille
ファミリー

Ancêtre	祖先
Cousin	いとこ
Enfance	子供の頃
Enfant	子供
Enfants	子供達
Femme	妻
Fille	娘
Frère	兄弟
Grand-Mère	おばあちゃん
Grand-Père	祖父
Mari	夫
Maternel	母性
Mère	母
Neveu	甥
Nièce	姪
Oncle	叔父
Paternel	父方の
Père	父
Soeur	姉妹
Tante	叔母

Ferme #1
ファーム #1

Abeille	蜂
Agriculture	農業
Âne	ロバ
Bison	バイソン
Champ	フィールド
Chat	猫
Cheval	馬
Chèvre	ヤギ
Chien	犬
Clôture	フェンス
Corbeau	カラス
Eau	水
Engrais	肥料
Foin	ヘイ
Miel	蜂蜜
Poulet	チキン
Riz	米
Troupeau	群れ
Vache	牛
Veau	ふくらはぎ

Ferme #2
ファーム #2

Agneau	子羊
Agriculteur	農家
Animaux	動物
Berger	羊飼い
Blé	小麦
Canard	アヒル
Fruit	フルーツ
Grange	納屋
Irrigation	灌漑
Lait	ミルク
Lama	ラマ
Légume	野菜
Maïs	コーン
Mouton	羊
Nourriture	食べ物
Orge	オオムギ
Pré	牧草地
Ruche	蜂の巣
Tracteur	トラクター
Verger	オーチャード

Fleurs
花々

Bouquet	花束
Gardénia	クチナシ
Hibiscus	ハイビスカス
Jasmin	ジャスミン
Lavande	ラベンダー
Lilas	ライラック
Lys	百合
Magnolia	マグノリア
Marguerite	デイジー
Orchidée	蘭
Passiflore	トケイソウ
Pavot	ポピー
Pétale	花弁
Pissenlit	タンポポ
Pivoine	牡丹
Plumeria	プルメリア
Tournesol	ひまわり
Trèfle	クローバー
Tulipe	チューリップ

Forêt Tropicale
レインフォレスト

Amphibiens	両生類
Botanique	植物
Climat	気候
Communauté	コミュニティ
Diversité	多様性
Espèce	種
Indigène	先住民族
Insectes	虫
Jungle	ジャングル
Mammifères	哺乳類
Mousse	苔
Nature	自然
Nuage	雲
Oiseaux	鳥
Précieux	貴重
Préservation	保存
Refuge	避難
Respect	尊敬
Restauration	復元
Survie	生存

Formes
シェイプ

Arc	アーク
Bords	エッジ
Cercle	円
Coin	コーナー
Courbe	曲線
Cône	円錐
Côté	側
Cube	三乗
Cylindre	シリンダー
Ellipse	楕円
Hyperbole	双曲線
Ligne	ライン
Ovale	楕円形
Polygone	多角形
Prisme	プリズム
Pyramide	ピラミッド
Rectangle	矩形
Triangle	三角形

Fournitures d'Art
アートサプライ

Acrylique	アクリル
Aquarelles	水彩画
Argile	粘土
Brosses	ブラシ
Caméra	カメラ
Chaise	椅子
Charbon	炭
Chevalet	イーゼル
Colle	のり
Couleurs	色
Crayons	鉛筆
Créativité	創造性
Eau	水
Encre	インク
Gomme	消しゴム
Huile	油
Idées	アイデア
Papier	紙
Pastels	パステル
Table	テーブル

Fruit
フルーツ

Abricot	アプリコット
Ananas	パイナップル
Avocat	アボカド
Baie	ベリー
Banane	バナナ
Cerise	チェリー
Citron	レモン
Figue	イチジク
Framboise	ラズベリー
Goyave	グアバ
Kiwi	キウイ
Mangue	マンゴー
Melon	メロン
Nectarine	ネクタリン
Orange	オレンジ
Papaye	パパイヤ
Pêche	桃
Poire	梨
Pomme	アップル
Raisin	葡萄

Géographie
地理学

Altitude	高度
Atlas	アトラス
Carte	地図
Continent	大陸
Fleuve	川
Hémisphère	半球
Île	島
Latitude	緯度
Mer	海
Méridien	子午線
Monde	世界
Montagne	山
Nord	北
Océan	海洋
Ouest	西
Pays	国
Région	領域
Sud	南
Territoire	地域
Ville	市

Géologie
地質学

Acide	酸
Calcium	カルシウム
Caverne	洞窟
Continent	大陸
Corail	コーラル
Couche	層
Cristaux	結晶
Érosion	侵食
Fondu	モルテン
Fossile	化石
Geyser	間欠泉
Lave	溶岩
Minéraux	ミネラル
Pierre	石
Plateau	高原
Quartz	石英
Sel	塩
Stalactite	鍾乳石
Volcan	火山
Zone	ゾーン

Herboristerie
本草学

Ail	ニンニク
Aromatique	芳香族
Basilic	バジル
Bénéfique	有益
Culinaire	料理
Estragon	タラゴン
Fenouil	フェンネル
Fleur	花
Ingrédient	成分
Jardin	庭
Lavande	ラベンダー
Marjolaine	マージョラム
Menthe	ミント
Persil	パセリ
Qualité	品質
Romarin	ローズマリー
Safran	サフラン
Saveur	味
Thym	タイム
Vert	緑

Insectes
昆虫

Abeille	蜂
Cafard	ゴキブリ
Cigale	蝉
Coccinelle	てんとう虫
Criquet	イナゴ
Fourmi	蟻
Guêpe	スズメバチ
Larve	幼虫
Libellule	トンボ
Mante	カマキリ
Moustique	蚊
Papillon	蝶
Puce	ノミ
Puceron	アブラムシ
Sauterelle	バッタ
Scarabée	甲虫
Termite	シロアリ
Ver	ワーム

Instruments de Musique
楽器

Banjo	バンジョー
Basson	ファゴット
Clarinette	クラリネット
Flûte	フルート
Gong	ゴング
Guitare	ギター
Harmonica	ハーモニカ
Harpe	ハープ
Hautbois	オーボエ
Mandoline	マンドリン
Marimba	マリンバ
Percussion	パーカッション
Piano	ピアノ
Saxophone	サックス
Tambour	ドラム
Tambourin	タンバリン
Trombone	トロンボーン
Trompette	トランペット
Violon	バイオリン
Violoncelle	チェロ

Jardin
ガーデン

Arbre	木
Banc	ベンチ
Buisson	ブッシュ
Clôture	フェンス
Étang	池
Fleur	花
Garage	ガレージ
Hamac	ハンモック
Herbe	草
Jardin	庭
Mauvaises Herbes	雑草
Pelle	シャベル
Pelouse	芝生
Porche	ポーチ
Râteau	熊手
Sol	土
Terrasse	テラス
Trampoline	トランポリン
Tuyau	ホース
Verger	オーチャード

Jouets
おもちゃ

Argile	粘土
Artisanat	工芸品
Avion	飛行機
Balle	ボール
Bateau	ボート
Camion	トラック
Cerf-Volant	凧
Crayons	クレヨン
Échecs	チェス
Favori	お気に入り
Imagination	想像力
Jeux	ゲーム
Livres	書籍
Poupée	人形
Puzzle	パズル
Robot	ロボット
Tambours	ドラム
Train	列車
Vélo	自転車
Voiture	車

Jours et Mois
日と月

Année	年
Août	八月
Avril	エイプリル
Calendrier	カレンダー
Dimanche	日曜日
Février	二月
Jeudi	木曜日
Juillet	七月
Juin	六月
Lundi	月曜日
Mai	五月
Mardi	火曜日
Mars	行進
Mercredi	水曜日
Mois	月
Novembre	十一月
Samedi	土曜日
Semaine	週
Septembre	セプテンバー
Vendredi	金曜日

Les Abeilles
ミツバチ

Ailes	翼
Bénéfique	有益
Cire	ワックス
Diversité	多様性
Essaim	群れ
Écosystème	生態系
Fleurs	花
Fruit	フルーツ
Fumée	煙
Habitat	生息地
Insecte	昆虫
Jardin	庭
Miel	蜂蜜
Nourriture	食べ物
Plantes	植物
Pollen	花粉
Pollinisateur	花粉媒介者
Reine	女王
Ruche	巣箱
Soleil	太陽

Légumes
野菜

Ail	ニンニク
Artichaut	アーティチョーク
Aubergine	茄子
Brocoli	ブロッコリー
Carotte	にんじん
Céleri	セロリ
Champignon	キノコ
Citrouille	かぼちゃ
Concombre	キュウリ
Échalote	エシャロット
Épinard	ほうれん草
Gingembre	ショウガ
Navet	カブ
Oignon	玉葱
Olive	オリーブ
Persil	パセリ
Pois	エンドウ
Radis	だいこん
Salade	サラダ
Tomate	トマト

Littérature
文学

Analogie	類推
Analyse	分析
Anecdote	逸話
Auteur	著者
Biographie	伝記
Comparaison	比較
Conclusion	結論
Description	説明
Dialogue	対話
Fiction	フィクション
Métaphore	比喩
Narrateur	ナレーター
Poème	詩
Poétique	詩的
Rime	韻
Roman	小説
Rythme	リズム
Style	スタイル
Thème	テーマ
Tragédie	悲劇

Livres
書籍

Auteur	著者
Aventure	冒険
Collection	コレクション
Dualité	二重性
Écrit	書かれた
Épique	エピック
Histoire	ストーリー
Historique	歴史的
Humoristique	ユーモラス
Inventif	発明
Lecteur	読者
Littéraire	文学
Mots	言葉
Narrateur	ナレーター
Page	ページ
Pertinent	関連する
Poésie	詩
Roman	小説
Série	シリーズ
Tragique	悲劇的

Maison
ハウス

Balai	ほうき
Bibliothèque	図書館
Chambre	部屋
Cheminée	暖炉
Clés	キー
Clôture	フェンス
Cuisine	キッチン
Douche	シャワー
Fenêtre	窓
Garage	ガレージ
Grenier	屋根裏
Jardin	庭
Lampe	ランプ
Miroir	鏡
Mur	壁
Plafond	天井
Porte	ドア
Rideaux	カーテン
Tapis	ラグ
Toit	屋根

Mammifères
哺乳類

Baleine	鯨
Chat	猫
Cheval	馬
Chien	犬
Coyote	コヨーテ
Dauphin	イルカ
Éléphant	象
Girafe	キリン
Gorille	ゴリラ
Kangourou	カンガルー
Lapin	うさぎ
Lion	ライオン
Loup	狼
Mouton	羊
Ours	熊
Renard	狐
Singe	猿
Taureau	ブル
Tigre	虎
Zèbre	シマウマ

Mathématiques
数学

Angles	角度
Arithmétique	算術
Circonférence	円周
Décimal	小数
Diamètre	直径
Exposant	指数
Équation	方程式
Fraction	分数
Géométrie	幾何学
Parallèle	平行
Parallélogramme	平行四辺形
Perpendiculaire	垂直
Périmètre	周囲
Polygone	多角形
Rayon	半径
Rectangle	矩形
Somme	和
Symétrie	対称
Triangle	三角形
Volume	ボリューム

Mesures
測定値

Centimètre	センチメートル
Degré	度
Décimal	小数
Gramme	グラム
Hauteur	高さ
Kilogramme	キログラム
Kilomètre	キロメートル
Largeur	幅
Litre	リットル
Longueur	長さ
Masse	質量
Mètre	メーター
Minute	分
Octet	バイト
Once	オンス
Poids	重さ
Pouce	インチ
Profondeur	深さ
Tonne	トン
Volume	ボリューム

Meubles
家具

Armoire	戸棚
Banc	ベンチ
Bibliothèque	本棚
Bureau	机
Canapé	ソファ
Chaise	椅子
Commode	ドレッサー
Coussins	クッション
Étagères	棚
Fauteuil	アームチェア
Futon	布団
Hamac	ハンモック
Lampe	ランプ
Lit	ベッド
Matelas	マットレス
Miroir	鏡
Oreiller	枕
Rideaux	カーテン
Tapis	ラグ

Méditation
瞑想

Acceptation	受け入れ
Attention	注意
Clarté	明快
Compassion	思いやり
Esprit	マインド
Émotions	感情
Gentillesse	親切
Gratitude	感謝
Habitudes	習慣
Mental	メンタル
Mouvement	動き
Musique	音楽
Nature	自然
Observation	観察
Paix	平和
Pensées	思考
Perspective	パースペクティブ
Posture	姿勢
Respiration	呼吸
Silence	沈黙

Météo
天気

Arc-En-Ciel	虹
Atmosphère	雰囲気
Brise	そよ風
Brouillard	霧
Ciel	空
Climat	気候
Glace	氷
Inondation	洪水
Mousson	モンスーン
Nuage	雲
Ouragan	ハリケーン
Polaire	極性
Sec	ドライ
Sécheresse	旱魃
Température	温度
Tempête	嵐
Tonnerre	雷
Tornade	竜巻
Tropical	トロピカル
Vent	風

Mythologie
神話

Archétype	原型
Catastrophe	災害
Comportement	行動
Création	作成
Créature	生き物
Croyances	信念
Culture	文化
Éclair	稲妻
Force	強さ
Guerrier	戦士
Héros	ヒーロー
Immortalité	不死
Jalousie	嫉妬
Labyrinthe	ラビリンス
Légende	伝説
Magique	魔法の
Monstre	モンスター
Mortel	モータル
Tonnerre	雷
Vengeance	復讐

Nature
自然

Abeilles	蜂
Abri	シェルター
Animaux	動物
Arctique	北極
Beauté	美しさ
Brouillard	霧
Désert	砂漠
Dynamique	動的
Érosion	侵食
Feuillage	葉
Fleuve	川
Forêt	森
Glacier	氷河
Nuage	雲
Paisible	平和
Sanctuaire	サンクチュアリ
Sauvage	野生
Serein	穏やか
Tropical	トロピカル
Vital	重要

Nombres
数字

Cinq	五
Deux	二
Décimal	小数
Dix	十
Dix-Huit	十八
Dix-Neuf	十九
Dix-Sept	セブンティーン
Douze	十二
Huit	八
Neuf	九
Quatorze	十四
Quatre	四
Quinze	十五
Seize	十六
Sept	セブン
Six	六
Treize	十三
Trois	三
Vingt	二十
Zéro	ゼロ

Nourriture #1
食べ物 #1

Ail	ニンニク
Basilic	バジル
Café	コーヒー
Cannelle	シナモン
Carotte	にんじん
Citron	レモン
Épinard	ほうれん草
Fraise	苺
Jus	ジュース
Lait	ミルク
Navet	カブ
Oignon	玉葱
Orge	オオムギ
Poire	梨
Salade	サラダ
Sel	塩
Soupe	スープ
Sucre	砂糖
Thon	ツナ
Viande	肉

Nourriture #2
食べ物 #2

Amande	アーモンド
Aubergine	茄子
Banane	バナナ
Blé	小麦
Brocoli	ブロッコリー
Cerise	チェリー
Céleri	セロリ
Champignon	キノコ
Chocolat	チョコレート
Jambon	ハム
Kiwi	キウイ
Mangue	マンゴー
Oeuf	卵
Pain	パン
Poisson	魚
Pomme	アップル
Poulet	チキン
Raisin	葡萄
Riz	米
Tomate	トマト

Nutrition
栄養

Amer	苦い
Appétit	食欲
Calories	カロリー
Comestible	食用
Diète	ダイエット
Digestion	消化
Épices	スパイス
Équilibré	バランス
Fermentation	発酵
Glucides	炭水化物
Liquides	液体
Poids	重さ
Protéines	タンパク質
Qualité	品質
Sain	元気
Santé	健康
Sauce	ソース
Saveur	味
Toxine	毒素
Vitamine	ビタミン

Océan
海洋

Algue	海藻
Anguille	うなぎ
Baleine	鯨
Bateau	ボート
Corail	コーラル
Crabe	カニ
Crevette	エビ
Dauphin	イルカ
Éponge	スポンジ
Huître	カキ
Méduse	クラゲ
Poisson	魚
Poulpe	たこ
Requin	鮫
Récif	リーフ
Sel	塩
Tempête	嵐
Thon	ツナ
Tortue	カメ
Vagues	波

Oiseaux
鳥類

Aigle	鷲
Autruche	ダチョウ
Canard	アヒル
Cigogne	コウノトリ
Colombe	鳩
Corbeau	カラス
Coucou	カッコウ
Cygne	白鳥
Flamant	フラミンゴ
Héron	サギ
Manchot	ペンギン
Moineau	スズメ
Mouette	カモメ
Oeuf	卵
Oie	ガチョウ
Paon	孔雀
Perroquet	オウム
Pélican	ペリカン
Poulet	チキン
Toucan	オオハシ

Outils
ツール

Agrafe	ステープル
Agrafeuse	ステープラー
Câble	ケーブル
Ciseaux	はさみ
Colle	のり
Corde	ロープ
Couteau	ナイフ
Échelle	はしご
Hache	斧
Maillet	マレット
Marteau	ハンマー
Pelle	シャベル
Pinces	ペンチ
Rasoir	かみそり
Règle	ルーラー
Roue	ホイール
Torche	トーチ
Vis	ねじ

Outils de Cuisine
クッキングツール

Bouilloire	ケトル
Ciseaux	はさみ
Couteau	ナイフ
Couvercle	蓋
Couverts	カトラリー
Cuillère	スプーン
Four	オーブン
Fourchette	フォーク
Grille-Pain	トースター
Mixeur	ブレンダー
Passoire	ザル
Poêle	ストーブ
Râpe	おろし金
Réfrigérateur	冷蔵庫
Spatule	スパチュラ
Thermomètre	温度計

Pays #2
国 #2

Albanie	アルバニア
Chine	中国
Danemark	デンマーク
France	フランス
Haïti	ハイチ
Indonésie	インドネシア
Irlande	アイルランド
Jamaïque	ジャマイカ
Japon	日本
Kenya	ケニア
Laos	ラオス
Liban	レバノン
Mexique	メキシコ
Ouganda	ウガンダ
Pakistan	パキスタン
Russie	ロシア
Somalie	ソマリア
Soudan	スーダン
Syrie	シリア
Ukraine	ウクライナ

Paysages
風景

Cascade	滝
Colline	丘
Désert	砂漠
Estuaire	河口
Fleuve	川
Geyser	間欠泉
Glacier	氷河
Grotte	洞窟
Iceberg	氷山
Île	島
Lac	湖
Marais	沼
Mer	海
Montagne	山
Oasis	オアシス
Péninsule	半島
Plage	ビーチ
Toundra	ツンドラ
Vallée	谷
Volcan	火山

Pêche
釣り

Appât	餌
Bateau	ボート
Branchies	えら
Crochet	フック
Eau	水
Exagération	過言
Fil	ワイヤー
Fleuve	川
Lac	湖
Mâchoire	顎
Océan	海洋
Panier	バスケット
Patience	忍耐
Plage	ビーチ
Poids	重さ
Saison	季節

Pirates
パイレーツ

Ancre	アンカー
Aventure	冒険
Capitaine	キャプテン
Carte	地図
Cicatrice	傷跡
Danger	危険
Drapeau	旗
Épée	剣
Équipage	クルー
Grotte	洞窟
Île	島
Légende	伝説
Mauvais	悪い
Océan	海洋
Or	ゴールド
Perroquet	オウム
Pièces	コイン
Plage	ビーチ
Rhum	ラム酒
Trésor	宝

Plage
ビーチ

Bateau	ボート
Bleu	青
Coquilles	シェル
Côte	海岸
Crabe	カニ
Dock	ドック
Île	島
Lagune	ラグーン
Mer	海
Océan	海洋
Parapluie	傘
Récif	リーフ
Sable	砂
Sandales	サンダル
Serviette	タオル
Soleil	太陽
Vacances	休暇
Voilier	ヨット

Plantes
植物

Arbre	木
Baie	ベリー
Bambou	竹
Botanique	植物学
Buisson	ブッシュ
Cactus	サボテン
Engrais	肥料
Feuillage	葉
Fleur	花
Flore	フローラ
Forêt	森
Grandir	育つ
Haricot	豆
Herbe	草
Jardin	庭
Lierre	蔦
Mousse	苔
Pétale	花弁
Racine	根
Végétation	植生

Professions #1
職業 #1

Ambassadeur	大使
Astronome	天文学者
Avocat	弁護士
Banquier	銀行家
Bijoutier	宝石商
Cartographe	地図製作者
Chasseur	ハンター
Danseur	踊り子
Entraîneur	コーチ
Éditeur	編集者
Géologue	地質学者
Infirmière	看護婦
Médecin	医者
Musicien	音楽家
Pianiste	ピアニスト
Plombier	配管工
Pompier	消防士
Psychologue	心理学者
Scientifique	科学者
Vétérinaire	獣医

Professions #2
職業 #2

Astronaute	宇宙飛行士
Bibliothécaire	司書
Biologiste	生物学者
Chercheur	研究者
Chirurgien	外科医
Dentiste	歯医者
Détective	探偵
Enseignant	先生
Illustrateur	イラストレーター
Ingénieur	エンジニア
Inventeur	発明者
Jardinier	庭師
Journaliste	ジャーナリスト
Linguiste	言語学者
Médecin	医師
Peintre	画家
Philosophe	哲学者
Photographe	写真家
Pilote	パイロット
Zoologiste	動物学者

Randonnée
ハイキング

Animaux	動物
Bottes	ブーツ
Camping	キャンプ
Carte	地図
Climat	気候
Eau	水
Falaise	崖
Fatigué	疲れた
Guides	ガイド
Lourd	重い
Météo	天気
Montagne	山
Nature	自然
Orientation	オリエンテーション
Parcs	公園
Pierres	石
Préparation	準備
Sauvage	野生
Soleil	太陽
Sommet	サミット

Remplir
塗りつぶすには

Baignoire	浴槽
Baril	バレル
Boîte	箱
Bouteille	ボトル
Caisse	クレート
Carton	カートン
Dossier	フォルダ
Enveloppe	封筒
Navire	容器
Panier	バスケット
Paquet	パケット
Plateau	トレイ
Poche	ポケット
Pot	瓶
Sac	バッグ
Seau	バケツ
Tiroir	引き出し
Tube	チューブ
Valise	スーツケース
Vase	花瓶

Restaurant #1
レストラン #1

Allergie	アレルギー
Assiette	皿
Bol	ボウル
Café	コーヒー
Couteau	ナイフ
Cuisine	キッチン
Dessert	デザート
Épicé	辛い
Menu	メニュー
Nourriture	食べ物
Pain	パン
Poulet	チキン
Réservation	予約
Sauce	ソース
Serveuse	ウェイトレス
Serviette	ナプキン
Viande	肉

Restaurant #2
レストラン #2

Boisson	飲料
Chaise	椅子
Cuillère	スプーン
Déjeuner	ランチ
Délicieux	美味しい
Dîner	夕食
Eau	水
Épices	スパイス
Fourchette	フォーク
Fruit	フルーツ
Gâteau	ケーキ
Glace	氷
Légumes	野菜
Nouilles	麺
Oeuf	卵
Poisson	魚
Salade	サラダ
Sel	塩
Serveur	ウェイター
Soupe	スープ

Salle de Bains
バスルーム

Bain	浴
Bulles	泡
Ciseaux	はさみ
Douche	シャワー
Eau	水
Éponge	スポンジ
Lotion	ローション
Miroir	鏡
Parfum	香水
Robinet	蛇口
Savon	石鹸
Serviette	タオル
Shampooing	シャンプー
Tapis	ラグ
Toilette	トイレ
Vapeur	蒸気

Science
理科

Atome	原子
Chimique	化学薬品
Climat	気候
Données	データ
Expérience	実験
Évolution	進化
Fait	事実
Fossile	化石
Gravité	重力
Hypothèse	仮説
Laboratoire	研究室
Méthode	方法
Minéraux	ミネラル
Molécules	分子
Nature	自然
Observation	観察
Organisme	生物
Particules	粒子
Physique	物理学
Scientifique	科学者

Science-Fiction
サイエンス・フィクション

Atomique	アトミック
Cinéma	シネマ
Dystopie	ディストピア
Explosion	爆発
Fantastique	素晴らしい
Feu	火
Futuriste	未来的
Galaxie	銀河
Illusion	イリュージョン
Imaginaire	虚数
Livres	書籍
Monde	世界
Mystérieux	神秘的な
Oracle	オラクル
Planète	惑星
Réaliste	現実的
Robots	ロボット
Scénario	シナリオ
Technologie	技術
Utopie	ユートピア

Sports
スポーツ

Arbitre	審判
Athlète	アスリート
Base-Ball	野球
Basket-Ball	バスケットボール
Championnat	チャンピオンシップ
Entraîneur	コーチ
Équipe	チーム
Gagnant	勝者
Golf	ゴルフ
Gymnase	体育館
Gymnastique	体操
Hockey	ホッケー
Jeu	ゲーム
Joueur	プレーヤー
Mouvement	動き
Stade	スタジアム
Tennis	テニス
Vélo	自転車

Surf
サーフィン

Amusement	楽しい
Athlète	アスリート
Champion	チャンピオン
Débutant	初心者
Estomac	胃
Force	強さ
Foules	群衆
Météo	天気
Mousse	泡
Océan	海洋
Pagaie	パドル
Plage	ビーチ
Populaire	人気の
Récif	リーフ
Style	スタイル
Vague	波
Vitesse	速度

Technologie
テクノロジー

Blog	ブログ
Caméra	カメラ
Curseur	カーソル
Données	データ
Écran	画面
Fichier	ファイル
Internet	インターネット
Logiciel	ソフトウェア
Message	メッセージ
Navigateur	ブラウザ
Numérique	デジタル
Octets	バイト
Ordinateur	コンピュータ
Police	フォント
Recherche	研究
Sécurité	安全
Statistiques	統計
Virtuel	仮想
Virus	ウイルス

Temps
時間

Année	年
Annuel	通年
Après	後
Avant	前
Bientôt	すぐ
Calendrier	カレンダー
Décennie	十年
Futur	未来
Heure	時間
Hier	昨日
Horloge	時計
Jour	日
Maintenant	今
Matin	朝
Midi	昼
Minute	分
Mois	月
Nuit	夜
Semaine	週
Siècle	世紀

Types de Cheveux
ヘアタイプ

Argent	銀
Blanc	白い
Blond	ブロンド
Boucles	カール
Brillant	シャイニー
Chauve	禿
Coloré	有色
Court	短い
Doux	ソフト
Épais	厚い
Frisé	カーリー
Gris	グレー
Marron	茶色
Mince	薄い
Noir	ブラック
Sain	元気
Sec	ドライ
Tresses	三つ編み
Tressé	編組

Vacances #2
バケーション #2

Aéroport	空港
Camping	キャンプ
Carte	地図
Destination	行き先
Étranger	外国人
Hôtel	ホテル
Île	島
Loisir	レジャー
Mer	海
Passeport	パスポート
Plage	ビーチ
Restaurant	レストラン
Réservations	予約
Taxi	タクシー
Tente	テント
Train	列車
Transport	交通
Vacances	休日
Visa	ビザ
Voyage	旅

Véhicules
車両

Ambulance	救急車
Avion	飛行機
Bateau	ボート
Bus	バス
Camion	トラック
Caravane	キャラバン
Ferry	フェリー
Fusée	ロケット
Hélicoptère	ヘリコプター
Métro	地下鉄
Moteur	モーター
Navette	シャトル
Pneus	タイヤ
Radeau	いかだ
Scooter	スクーター
Sous-Marin	潜水艦
Taxi	タクシー
Tracteur	トラクター
Vélo	自転車
Voiture	車

Vêtements
洋服

Bracelet	ブレスレット
Ceinture	ベルト
Chapeau	帽子
Chaussure	靴
Chemise	シャツ
Chemisier	ブラウス
Collier	ネックレス
Foulard	スカーフ
Gants	手袋
Jeans	ジーンズ
Jupe	スカート
Manteau	コート
Mode	ファッション
Pantalon	パンツ
Pull	セーター
Pyjama	パジャマ
Robe	ドレス
Sandales	サンダル
Tablier	エプロン
Veste	ジャケット

Ville
町

Aéroport	空港
Banque	銀行
Bibliothèque	図書館
Boulangerie	ベーカリー
Cinéma	シネマ
Clinique	診療所
École	学校
Fleuriste	花屋
Galerie	ギャラリー
Hôtel	ホテル
Librairie	書店
Marché	市場
Musée	博物館
Pharmacie	薬局
Restaurant	レストラン
Stade	スタジアム
Supermarché	スーパーマーケット
Théâtre	劇場
Université	大学
Zoo	動物園

Félicitations

Vous avez réussi !

Nous espérons que vous avez apprécié ce livre autant que nous avons pris plaisir à le concevoir. Nous faisons de notre mieux pour créer des livres de la meilleure qualité possible.
Cette édition est conçue pour permettre un apprentissage intelligent et de qualité en se divertissant !

Vous avez aimé ce livre ?

Une Simple Demande

Nos livres existent grâce aux avis que vous publiez. Pourriez-vous nous aider en laissant un avis maintenant ?

Voici un lien rapide qui vous mènera à votre page d'évaluation de vos commandes :

BestBooksActivity.com/Avis50

CHALLENGE FINAL !

Défi n°1

Êtes-vous prêt pour votre jeu bonus ? Nous les utilisons tout le temps mais ils ne sont pas si faciles à trouver. Voici les **Synonymes** !

Notez 5 mots que vous avez trouvés dans les puzzles notés ci-dessous (n°21, n°36, n°76) et essayez de trouver 2 synonymes pour chaque mot.

Notez 5 Mots du *Puzzle 21*

Mots	Synonyme 1	Synonyme 2

Notez 5 Mots du *Puzzle 36*

Mots	Synonyme 1	Synonyme 2

Notez 5 Mots du *Puzzle 76*

Mots	Synonyme 1	Synonyme 2

Défi n°2

Maintenant que vous vous êtes échauffé, notez 5 mots que vous avez découverts dans les Puzzles n° 9, n° 17, n° 25 et essayez de trouver 2 antonymes pour chaque mot. Combien pouvez-vous en trouver en 20 minutes ?

Notez 5 Mots du **Puzzle 9**

Mots	Antonyme 1	Antonyme 2

Notez 5 Mots du **Puzzle 17**

Mots	Antonyme 1	Antonyme 2

Notez 5 Mots du **Puzzle 25**

Mots	Antonyme 1	Antonyme 2

Défi n°3

Formidable ! Ce défi final n'est rien pour vous.

Prêt pour le dernier défi ? Choisissez 10 mots que vous avez découverts parmi les différents puzzles et notez-les ci-dessous.

1.	6.
2.	7.
3.	8.
4.	9.
5.	10.

Maintenant, composez un texte en pensant à une personne, un animal ou un lieu que vous aimez !

Astuce: Vous pouvez utiliser la dernière page de ce livre comme brouillon !

Votre Composition :

CARNET DE NOTES :

À TRÈS BIENTÔT !

Toute l'équipe

DECOUVREZ DES JEUX GRATUITS

GO

↓

BESTACTIVITYBOOKS.COM/FREEGAMES